MIKROWELLEN-KOCHBUCH 2022

VIELE LECKERE REZEPTE FÜR INTELLIGENTE UND BESCHÄFTIGTE MENSCHEN

VALERIA ENGEL

Inhaltsverzeichnis

Gelee-Mediterraner Salat 14

Gelierter griechischer Salat 15

Gelierter russischer Salat 15

Kohlrabi-Salat mit Senf-Mayonnaise 16

Rote-Bete-, Sellerie- und Apfelbecher 17

Schein-Waldorf-Becher 18

Knollenselleriesalat mit Knoblauch, Mayonnaise und Pistazien 18

Kontinentaler Selleriesalat 19

Selleriesalat mit Speck 20

Artischockensalat mit Paprika und Eiern in warmem Dressing 21

Salbei-Zwiebel-Füllung 22

Sellerie-Pesto-Füllung 23

Lauch-Tomaten-Füllung 23

Speckfüllung 24

Speck- und Aprikosenfüllung 25

Pilz-, Zitronen- und Thymianfüllung 25

Pilz-Lauch-Füllung 26

Schinken-Ananas-Füllung 27

Asiatische Pilz-Cashewnuss-Füllung 28

Schinken- und Karottenfüllung 29

Schinken-, Bananen- und Zuckermais-Füllung 29

Italienische Füllung 30

Spanische Füllung 31

Orangen- und Korianderfüllung 31

Limetten-Koriander-Füllung 32

Orangen- und Aprikosenfüllung 33

Apfel-, Rosinen- und Walnussfüllung 34

Füllung aus Äpfeln, Pflaumen und Paranüssen 35

Apfel-, Dattel- und Haselnussfüllung 35

Knoblauch-, Rosmarin- und Zitronenfüllung 36

Knoblauch-, Rosmarin- und Zitronenfüllung mit Parmesankäse 37

Meeresfrüchte-Füllung 37

Füllung mit Parmaschinken 38

Wurstfüllung 38

Wurstfleisch und Leberfüllung 39

Wurstfleisch- und Maisfüllung 39

Wurstfleisch und Orangenfüllung 40

Kastanienfüllung mit Ei 40

Kastanien- und Cranberry-Füllung 41

Cremige Kastanienfüllung 41

Cremige Kastanien- und Wurstfüllung 42

Cremige Kastanienfüllung mit ganzen Kastanien 42

Kastanienfüllung mit Petersilie und Thymian 43

Kastanienfüllung mit Schinken 44

Hühnerleber-Füllung 45

Hühnerleberfüllung mit Pekannüssen und Orange 46

Triple-Nuss-Füllung 46

Kartoffel- und Putenleberfüllung 47

Reisfüllung mit Kräutern 48

Spanische Reisfüllung mit Tomate...49

Fruchtige Reisfüllung...50

Reisfüllung aus Fernost...51

Herzhafte Reisfüllung mit Nüssen..52

Schokoladen-Crispies..52

Devil's Food Kuchen..53

Mokka-Torte...55

Mehrschichtiger Kuchen...56

Schwarzwälder Kirschtorte...56

Schoko-Orangen-Torte...57

Schokoladen-Butter-Creme-Torte...58

Schokoladen-Mokka-Kuchen...59

Orangen-Schoko-Torte...59

Doppelter Schokoladenkuchen...59

Schlagsahne und Walnusstorte...60

Weihnachtstorte..61

Amerikanische Brownies...62

Schokoladen-Nuss-Brownies..63

Hafer-Toffee-Dreiecke...63

Müsli-Dreiecke..64

Schokoladen-Queenies..64

Flockige Schokoladen-Queenies...65

Frühstückskuchen mit Kleie und Ananas.................................66

Fruchtiger Schokoladenbiskuit-Crunch-Kuchen......................67

Fruchtiger Mokka-Keks-Crunch-Kuchen................................68

Crunch-Kuchen mit Fruchtrum und Rosinenkeksen................69

Fruited Whiskey und Orange Biscuit Crunch Cake..................69

Fruchtiger Crunch-Kuchen mit weißer Schokolade 69

Zweischichtiger Aprikosen-Himbeer-Käsekuchen 69

Erdnussbutter-Käsekuchen 73

Zitronenquark-Käsekuchen 74

Schokoladenkäsekuchen 74

Sharon-Frucht-Käsekuchen 75

Blaubeerekäsekuchen 76

Gebackener Zitronen-Käsekuchen 77

Gebackener Limetten-Käsekuchen 78

Gebackener Käsekuchen mit schwarzen Johannisbeeren 78

Gebackener Himbeerkäsekuchen 79

Minz-Auberginen-Dip 80

Auberginen-Dip mit Tomaten und gemischten Kräutern 81

Auberginen- und Tahini-Dip aus dem Nahen Osten 82

Türkischer Auberginen-Dip 83

Griechischer Auberginen-Dip 84

Bagna Cauda 85

Auberginenauflauf 86

Eingelegte Cocktailpilze 88

Gefüllte gebackene Auberginen mit Eiern und Pinienkernen 89

Griechische Pilze 90

Artischocken-Vinaigrette 91

Caesar Salat 92

Holländischer Chicorée mit Ei und Butter 93

Ei-Mayonnaise 94

Eier mit Skordalia-Mayonnaise 95

Schottische Waldschnepfe 96

Eier mit schwedischer Mayonnaise 97

Türkischer Bohnensalat...98

Bohnensalat mit Ei..99

Eingetopfter Kipper...100

Garnelen im Topf..101

Gebackene Avocados mit gefüllten Eiern.................................102

Mit Tomaten und Käse gefüllte Avocados...............................103

Skandinavischer Rollmop und Apfelsalat...............................104

Rollmop und Apfelsalat mit Currysauce 105

Blattsalat mit Ziegenkäse und warmem Dressing.....................106

Gelee-Tomaten-Eisbecher 106

Gefüllte Tomaten..107

Italienische gefüllte Tomaten..108

Tomaten- und Hühnersalatbecher 110

Gehacktes Ei und Zwiebel...111

Quiche Lorraine...112

Käse-Tomaten-Quiche..114

Räucherlachs-Quiche...114

Garnelen-Quiche 114

Spinatquiche 114

Mediterrane Quiche 115

Spargel-Quiche 116

Gefüllte Walnüsse 117

Paranüsse mit Curry 118

Flan mit Blauschimmelkäse und Pekannüssen.........................119

Reichhaltige Leberpastete 121

Scharfe und saure Krabbensuppe...122

Einfache orientalische Suppe 124

Leberknödelsuppe 125

Karottencremesuppe 126

Gekühlte Karotten-Lauch-Suppe 127

Karotten und Koriander Suppe 128

Karotte mit Orangensuppe 128

Salatcremesuppe 129

Grüne Püreesuppe 130

Pastinaken-Petersilien-Suppe mit Wasabi 131

SÜßE KARTOFFELSUPPE 132

Gemüsecremesuppe 132

Grüne Erbsensuppe 133

Kürbissuppe 133

Pilzcremesuppe 133

Kürbiscremesuppe 134

Cock-a-Leekie-Suppe 135

Scotchsuppe 136

Israelische Hühner- und Avocadosuppe 137

Avocadosuppe mit roter Bete 137

Bortsch 138

Kalter Bortsch 139

Cremiger kalter Bortsch 139

Orangen-Linsen-Suppe 140

Orangen-Linsen-Suppe mit Käse und gerösteten Cashewnüssen . 141

Linsensuppe mit Tomatengarnitur 142

Gelbe Erbsensuppe 142

Französische Zwiebelsuppe 143

Minestrone...144

Minestrone Genovese..146

Italienische Kartoffelsuppe................................146

Frische Tomaten-Sellerie-Suppe.............................148

Tomatensuppe mit Avocado-Dressing 149

Gekühlte Käse- und Zwiebelsuppe............................150

Schweizer Käsesuppe 151

Avgolemono-Suppe 152

Gurkencremesuppe mit Pastis 153

Currysuppe mit Reis..154

Vichyssoise 155

Gekühlte Gurkensuppe mit Joghurt 156

Gekühlte Spinatsuppe mit Joghurt 157

Gekühlte Tomatensuppe mit Sherry...........................158

Neuengland-Fischsuppe......................................159

Krabbensuppe...160

Krabben- und Zitronensuppe.................................161

Hummercremesuppe...162

Getrocknete Päckchensuppe..................................162

Kondenssuppe aus der Dose..................................162

Suppen aufwärmen...163

Wärmende Eier zum Kochen 163

Pochierte Eier...163

Gebratene (sautierte) Eier.................................164

Piperade 165

Piperade mit Schinken......................................166

Piperada...167

eggs Florentine 167

Pochiertes Ei Rossini 168

Rührei mit Aubergineneiern 169

Klassisches Omelett 170

Aromatisierte Omeletts 172

Brunch-Omelett 173

Pochiertes Ei mit geschmolzenem Käse 174

Eier Benedikt 174

Omelett Arnold Bennett 175

Tortilla 176

Spanisches Omelett mit gemischtem Gemüse 177

Spanisches Omelett mit Schinken 178

Käseeier in Selleriesauce 178

Eier Fu Yung 179

Pizza-Omelett 180

Soufflé-Omelett 181

Omelette mit Zitronensoufflé 182

Orangensoufflé-Omelett 182

Mandel-Aprikosen-Soufflé-Omelett 183

Himbeer-Soufflé-Omelett 183

Erdbeer-Soufflé-Omelett 183

Soufflé-Omelett mit Toppings 184

Gebackenes Ei mit Sahne 184

Gebackenes Ei neapolitanisch 185

Käsefondue 185

Fondue mit Cidre 187

Fondue mit Apfelsaft 187

Rosa Fondue...187

Rauchiges Fondue..188

Deutsches Bierfondue..188

Fondue mit Feuer..188

Curry-Fondue 188

Fonduta 189

Scheinkäse und Tomatenfondue......................................189

Käsefondue 190

Fondue mit Cidre..191

Fondue mit Apfelsaft..191

Rosa Fondue..191

Rauchiges Fondue..192

Deutsches Bierfondue..192

Fondue mit Feuer..192

Curry-Fondue 193

Fonduta 193

Scheinkäse und Tomatenfondue......................................193

Scheinkäse- und Sellerie-Fondue.....................................194

Italienisches Käse-, Sahne- und Eierfondue........................195

Holländisches Bauernfondue...196

Bauernfondue mit Pfiff...197

Gebackenes Ei im Flamenco-Stil......................................198

Brot-und-Butter-Käse und Petersilienpudding.....................199

   Brot-und-Butter-Käse und Petersilienpudding mit Cashewnüssen
....200

Vier-Käse-Brot und Butterpudding....................................200

Käse- und Eierkuchen..201

Umgedrehter Käse- und Tomatenpudding 202

Pizzabrötchen 203

Ingwer-Wolfsbarsch mit Zwiebeln 204

Forellenpakete 205

Glänzender Seeteufel mit schlanken Bohnen 206

Glänzende Garnelen mit Zuckerschoten 207

Kabeljau aus der Normandie mit Cidre und Calvados 208

Fisch-Paella 210

Eingelegte Heringe 212

Moules Marinières 213

Makrele mit Rhabarber und Rosinensauce 215

Hering mit Apfelweinsauce 216

Karpfen in gelierter Sauce 217

Rollmops mit Aprikosen 219

Pochierter Kipper 220

Garnelen Madras .... **Errore. Il segnalibro non è definito.**

Martini Scholle Rolls mit Sauce**Errore. Il segnalibro non è definito.**

Schalentierragout mit Walnüssen .... **Errore. Il segnalibro non è definito.**

Gelee-Mediterraner Salat

Serviert 6

300 ml/½ Pt/1¼ Tassen kalte Gemüsebrühe oder Gemüsekochwasser

15 ml/1 EL gemahlene Gelatine

45 ml/3 EL Tomatensaft

45 ml/3 EL Rotwein

1 grüne (Paprika), entkernt und in Streifen geschnitten

2 Tomaten, blanchiert, enthäutet und gehackt

30 ml/2 EL abgetropfte Kapern

50 g /2 oz/¼ Tasse gehackte Gurken (Cornichons)

12 gefüllte Oliven, in Scheiben geschnitten

10 ml/2 TL Sardellensauce

45 ml/3 EL Brühe oder Gemüsekochwasser in eine Schüssel geben. Gelatine unterrühren. 5 Minuten stehen lassen, um weich zu werden. Unbedeckt auf dem Auftauen 2–2½ Minuten schmelzen. Restliche Brühe mit Tomatensaft und Wein angießen. Decken Sie es ab, wenn es kalt ist, und kühlen Sie es dann ab, bis es gerade anfängt zu verdicken und fest zu werden. Die Paprikastreifen in eine Schüssel geben und mit kochendem Wasser bedecken. 5 Minuten weich werden lassen, dann abtropfen lassen. Die Tomaten- und Paprikastreifen mit allen restlichen Zutaten in das Geliergelee rühren. Übertragen in eine 1,25 Liter/2¼ pt/5½ Tasse benetzte Geleeform oder ein Becken. Abdecken und mehrere Stunden kalt stellen, bis sie fest ist. Tauchen Sie zum Servieren die Form oder Schüssel in und aus einer Schüssel mit

heißem Wasser, um sie zu lösen, und führen Sie dann ein heißes, nasses Messer vorsichtig um die Seiten. Vor dem Servieren auf einen angefeuchteten Teller stürzen. (Das Benetzen verhindert, dass das Gelee klebt.)

Gelierter griechischer Salat

Serviert 6

Zubereiten wie Gelee-Mittelmeersalat, aber Kapern und Gewürzgurken (Cornichons) weglassen. Fügen Sie 125 g/4 oz/1 Tasse fein gewürfelten Feta-Käse und 1 kleine gehackte Zwiebel hinzu. Gefüllte Oliven durch entsteinte (entsteinte) schwarze Oliven ersetzen.

Gelierter russischer Salat

Serviert 6

Zubereiten wie für Gelee-Mittelmeersalat, aber Tomatensaft und Wein durch 90 ml/6 EL Mayonnaise und Tomaten und (Paprika) durch 225 g/8 oz/2 Tassen gewürfelte Karotten und Kartoffeln ersetzen. 30 ml/2 EL gekochte Erbsen dazugeben.

Kohlrabi-Salat mit Senf-Mayonnaise

Serviert 6

900 g Kohlrabi

75 ml/5 EL kochendes Wasser

5 ml/1 TL Salz

10 ml/2 TL Zitronensaft

60–120 ml/4–6 EL dicke Mayonnaise

10–20 ml/2–4 TL Vollkornsenf

In Scheiben geschnittene Radieschen zum Garnieren

Den Kohlrabi dick schälen, gut waschen und jeden Kopf in acht Stücke schneiden. Mit Wasser, Salz und Zitronensaft in eine 1,25-Liter-Schüssel geben. Mit Frischhaltefolie (Plastikfolie) abdecken und zweimal aufschlitzen, damit der Dampf entweichen kann. 10–15 Minuten auf voller Stufe garen, dabei die Schüssel dreimal wenden, bis sie weich ist. Abgießen und in Scheiben oder Würfel schneiden und in eine Rührschüssel geben. Mayonnaise und Senf mischen und die Kohlrabi in dieser Mischung wenden, bis die Stücke gründlich bedeckt sind. Auf eine Servierplatte geben und mit den Radieschenscheiben garnieren.

Rote-Bete-, Sellerie- und Apfelbecher

Serviert 6

60 ml/4 EL kaltes Wasser

15 ml/1 EL gemahlene Gelatine

225 ml/8 fl oz/1 Tasse Apfelsaft

30 ml/2 EL Himbeeressig

5 ml/1 TL Salz

225 g gekochte (nicht eingelegte) Rote Bete (Rote Beete), grob

gerieben

1 Ess- (Dessert-) Apfel, geschält und grob gerieben

1 Selleriestange, in dünne Streichhölzer geschnitten

1 kleine Zwiebel, gehackt

45 ml/3 EL des kalten Wassers in eine kleine Schüssel geben und die
Gelatine einrühren. 5 Minuten stehen lassen, um weich zu werden.
Unbedeckt auf dem Auftauen 2–2½ Minuten schmelzen. Restliches
kaltes Wasser mit Apfelsaft, Essig und Salz unterrühren. Decken Sie
es ab, wenn es kalt ist, und kühlen Sie es dann ab, bis es gerade

anfängt zu verdicken und fest zu werden. Rote Beete, Apfel, Sellerie und Zwiebel zum halbfesten Gelee geben und vorsichtig umrühren, bis alles gut vermischt ist. In sechs kleine benetzte Tassen umfüllen, dann zudecken und kühlen, bis sie fest und fest sind. Auf einzelne Teller stürzen.

Schein-Waldorf-Becher

Serviert 6

Zubereitung wie Rote-Bete-, Sellerie- und Apfelbecher, jedoch 30 ml/2 EL gehackte Walnüsse zum Gemüse und Apfel geben.

Knollenselleriesalat mit Knoblauch, Mayonnaise und Pistazien

Serviert 6

900 g Knollensellerie (Selleriewurzel)
300 ml/½ pt/1¼ Tassen kaltes Wasser
15 ml/1 EL Zitronensaft
7,5 ml/1½ TL Salz
1 Knoblauchzehe, zerdrückt
45 ml/3 EL grob gehackte Pistazien
60–120 ml/4–8 EL dicke Mayonnaise

Den Sellerie dick schälen, gut waschen und jeden Kopf in acht Stücke schneiden. Mit Wasser, Zitronensaft und Salz in eine 2,25-Liter-Schüssel geben. Mit Frischhaltefolie (Plastikfolie) abdecken und zweimal aufschlitzen, damit der Dampf entweichen kann. 20 Minuten auf voller Stufe garen, dabei die Schüssel viermal wenden. Abgießen und in Scheiben schneiden und in eine Rührschüssel geben. Fügen Sie den Knoblauch und die gehackten Pistazien hinzu. Noch warm mit der Mayonnaise schwenken, bis die Selleriestücke gut bedeckt sind. Transfer zu einer Servierplatte. Vor dem Servieren, möglichst noch leicht warm, mit Radicchioblättern und Pistazien garnieren.

Kontinentaler Selleriesalat

Serviert 4

Eine Zusammenstellung feiner und komplementärer Aromen macht dies zu einem geeigneten Weihnachtssalat, der zu kaltem Truthahn und Schinken passt.

750 g Knollensellerie (Selleriewurzel)

75 ml/5 EL kochendes Wasser

5 ml/1 TL Salz

10 ml/2 TL Zitronensaft

Für das Dressing:

30 ml/2 EL Mais- oder Sonnenblumenöl

15 ml/1 EL Malz- oder Apfelessig

15 ml/1 EL hergestellter Senf

2,5–5 ml/½–1 TL Kümmel

1,5 ml/¼ TL TL Salz

5 ml/1 TL Streuzucker (superfeiner) Zucker

Frisch gemahlener schwarzer Pfeffer

Den Sellerie dick schälen und in kleine Würfel schneiden. In eine 1,75-Liter-Schüssel geben. Kochendes Wasser, Salz und Zitronensaft hinzugeben. Mit Frischhaltefolie (Plastikfolie) abdecken und zweimal aufschlitzen, damit der Dampf entweichen kann. 10–15 Minuten auf voller Stufe garen, dabei die Schüssel dreimal wenden, bis sie weich ist. Abfluss. Alle restlichen Zutaten gründlich miteinander verquirlen. Zum heißen Sellerie geben und gründlich durchschwenken. Abdecken und abkühlen lassen. Bei Zimmertemperatur servieren.

Selleriesalat mit Speck

Serviert 4

Zubereitung wie Kontinentaler Knollensellerie-Salat, aber 4 Scheiben Speck, knusprig gegrillt (gegrillt) und zerkrümelt, gleichzeitig mit dem Dressing hinzugeben.

Serviert 6

400 g/14 oz/1 große Dose Artischockenherzen, abgetropft

400 g/14 oz/1 große Dose rote Pimientos, abgetropft

10 ml/2 TL Rotweinessig

60 ml/4 EL Zitronensaft

125 ml/4 fl oz/½ Tasse Olivenöl

1 Knoblauchzehe, zerdrückt

5 ml/1 TL kontinentaler Senf

5 ml/1 TL Salz

5 ml/1 TL Streuzucker (superfeiner) Zucker

4 große hart gekochte (hart gekochte) Eier, geschält und gerieben

225 g/8 oz/2 Tassen Feta-Käse, gewürfelt

Die Artischocken halbieren und die Pimientos in Streifen schneiden. Abwechselnd auf einem großen Teller anrichten, in der Mitte eine Mulde lassen. Essig, Zitronensaft, Öl, Knoblauch, Senf, Salz und Zucker in eine kleine Schüssel geben. Ohne Deckel 1 Minute lang auf Vollgas erhitzen und zweimal schlagen. Stapeln Sie die Eier und den Käse in einem Hügel in der Mitte des Salats und löffeln Sie vorsichtig das warme Dressing darüber.

Salbei-Zwiebel-Füllung

Ergibt 225–275 g/8–10 oz/11/3–12/3 Tassen

Für Schweinefleisch.

25 g/1 oz/2 EL Butter oder Margarine
2 Zwiebeln, vorgekocht (siehe Tabelle Seite 45), gehackt
125 g/4 oz/2 Tassen weiße oder braune Semmelbrösel
5 ml/1 TL getrockneter Salbei
Etwas Wasser oder Milch
Salz und frisch gemahlener schwarzer Pfeffer

Butter oder Margarine in eine 1-Liter-Schüssel geben. Ohne Deckel 1 Minute lang auf Vollgas erhitzen. Zwiebeln unterrühren. Ohne Deckel 3 Minuten auf Vollgas kochen, dabei jede Minute umrühren. Semmelbrösel und Salbei sowie so viel Wasser oder Milch untermischen, dass eine krümelige Konsistenz entsteht. Nach Geschmack würzen. Kalt verwenden.

Sellerie-Pesto-Füllung

Ergibt 225–275 g/8–10 oz/11/3–12/3 Tassen

Für Fisch und Geflügel.

Wie Salbei-Zwiebel-Füllung zubereiten, aber die Zwiebeln durch 2 fein gehackte Stangensellerie ersetzen. Vor dem Würzen 10 ml/2 TL grünes Pesto unterrühren.

Lauch-Tomaten-Füllung

Ergibt 225–275 g/8–10 oz/11/3–12/3 Tassen

Für Fleisch und Geflügel.

25 g/1 oz/2 EL Butter oder Margarine
2 Porree, nur der weiße Teil, in sehr dünne Scheiben geschnitten

2 Tomaten, blanchiert, enthäutet und gehackt

125 g/4 oz/2 Tassen frische weiße Semmelbrösel

Salz und frisch gemahlener schwarzer Pfeffer

Hühnerbrühe ggf

Butter oder Margarine in eine 1-Liter-Schüssel geben. Ohne Deckel 1 Minute lang auf Vollgas erhitzen. Lauch unterrühren. Ohne Deckel 3 Minuten auf Vollgas kochen, dabei dreimal umrühren. Tomaten und Semmelbrösel untermischen und abschmecken. Bei Bedarf mit Stock binden. Kalt verwenden.

Speckfüllung

Ergibt 225–275 g/8–10 oz/11/3–12/3 Tassen

Für Fleisch, Geflügel und kräftigen Fisch.

4 Scheiben Speck durchwachsen, in kleine Stücke geschnitten

25 g/1 oz/2 EL Butter, Margarine oder Schmalz

125 g/4 oz/2 Tassen frische weiße Semmelbrösel

5 ml/1 TL Worcestersauce

5 ml/1 TL hergestellter Senf

2,5 ml/½ TL getrocknete gemischte Kräuter

Salz und frisch gemahlener schwarzer Pfeffer

Milch, ggf

Den Speck mit der Butter, Margarine oder dem Schmalz in eine 1-Liter-Schüssel geben. Ohne Deckel 2 Minuten auf voller Stufe garen, dabei einmal umrühren. Semmelbrösel, Worcestersauce, Senf und Kräuter untermischen und abschmecken. Bei Bedarf mit Milch binden.

Speck- und Aprikosenfüllung

Ergibt 225–275 g/8–10 oz/11/3–12/3 Tassen

Für Geflügel und Wild

Zubereiten wie Speckfüllung, jedoch 6 gut gewaschene und grob gehackte Aprikosenhälften mit den Kräutern dazugeben.

Pilz-, Zitronen- und Thymianfüllung

Ergibt 225–275 g/8–10 oz/11/3–12/3 Tassen

Für Geflügel.

25 g/1 oz/2 EL Butter oder Margarine

125 g Champignons, in Scheiben geschnitten

5 ml/1 TL fein abgeriebene Zitronenschale

2,5 ml/½ TL getrockneter Thymian

1 Knoblauchzehe, zerdrückt

125 g/4 oz/2 Tassen frische weiße Semmelbrösel
Salz und frisch gemahlener schwarzer Pfeffer
Milch, ggf

Butter oder Margarine in eine 1-Liter-Schüssel geben. Ohne Deckel 1 Minute lang auf Vollgas erhitzen. Pilze unterrühren. Kochen Sie ohne Deckel 3 Minuten lang auf Vollgas und rühren Sie zweimal um. Zitronenschale, Thymian, Knoblauch und Semmelbrösel untermischen und abschmecken. Nur mit Milch binden, wenn die Füllung auf der trockenen Seite bleibt. Kalt verwenden.

Pilz-Lauch-Füllung

Ergibt 225–275 g/8–10 oz/11/3–12/3 Tassen

Für Geflügel, Gemüse und Fisch.

25 g/1 oz/2 EL Butter oder Margarine
1 Lauch, nur der weiße Teil, sehr dünn geschnitten
125 g Champignons, in Scheiben geschnitten
125 g/4 oz/2 Tassen frische braune Semmelbrösel
30 ml/2 EL gehackte Petersilie
Salz und frisch gemahlener schwarzer Pfeffer
Milch, ggf

Butter oder Margarine in eine 1,25-Liter-Schüssel geben. Ohne Deckel 1 Minute lang auf Vollgas erhitzen. Lauch unterrühren. Ohne Deckel 2 Minuten auf voller Stufe garen, dabei einmal umrühren. Pilze untermischen. Ohne Deckel 2 Minuten lang auf voller Stufe kochen, dabei zweimal umrühren. Semmelbrösel und Petersilie untermischen und abschmecken. Nur mit Milch binden, wenn die Füllung auf der trockenen Seite bleibt. Kalt verwenden.

Schinken-Ananas-Füllung

Ergibt 225–275 g/8–10 oz/11/3–12/3 Tassen

Für Geflügel.

25 g/1 oz/2 EL Butter oder Margarine
1 Zwiebel, fein gehackt
1 frischer Ananasring, Haut entfernt und Fruchtfleisch gehackt
75 g gekochter Schinken, gehackt
125 g/4 oz/2 Tassen frische weiße Semmelbrösel
Salz und frisch gemahlener schwarzer Pfeffer

Butter oder Margarine in eine 1-Liter-Schüssel geben. Ohne Deckel 1 Minute lang auf Vollgas erhitzen. Zwiebel unterrühren. Ohne Deckel 2 Minuten auf voller Stufe garen, dabei einmal umrühren. Ananas und Schinken untermischen. Ohne Deckel 2 Minuten lang auf voller Stufe kochen, dabei zweimal umrühren. Semmelbrösel hineingeben und nach Geschmack würzen. Kalt verwenden.

Asiatische Pilz-Cashewnuss-Füllung

Ergibt 225–275 g/8–10 oz/11/3–12/3 Tassen

Für Geflügel und Fisch.

25 g/1 oz/2 EL Butter oder Margarine

6 Frühlingszwiebeln (Frühlingszwiebeln), gehackt

125 g Champignons, in Scheiben geschnitten

125 g/4 oz/2 Tassen frische braune Semmelbrösel

45 ml/3 EL Cashewnüsse, geröstet

30 ml/2 EL Korianderblätter (Koriander).

Salz und frisch gemahlener schwarzer Pfeffer

Sojasauce, ggf

Butter oder Margarine in eine 1,25-Liter-Schüssel geben. Ohne Deckel 1 Minute lang auf Vollgas erhitzen. Zwiebeln unterrühren. Ohne

Deckel 2 Minuten auf voller Stufe garen, dabei einmal umrühren. Pilze untermischen. Ohne Deckel 2 Minuten lang auf voller Stufe kochen, dabei zweimal umrühren. Semmelbrösel, Cashewnüsse und Koriander untermischen und abschmecken. Mit Sojasauce nur binden, wenn die Füllung auf der trockenen Seite bleibt. Kalt verwenden.

Schinken- und Karottenfüllung

Ergibt 225–275 g/8–10 oz/11/3–12/3 Tassen

Für Geflügel, Lamm und Wild.

Zubereiten wie für die Schinken-Ananas-Füllung, aber die Ananas durch 2 geraspelte Karotten ersetzen.

Schinken-, Bananen- und Zuckermais-Füllung

Ergibt 225–275 g/8–10 oz/11/3–12/3 Tassen

Für Geflügel.

Zubereiten wie für die Schinken-Ananas-Füllung, aber die Ananas durch 1 kleine grob zerdrückte Banane ersetzen. 30 ml/2 EL Zuckermais (Mais) mit den Semmelbröseln dazugeben.

Italienische Füllung

Ergibt 225–275 g/8–10 oz/11/3–12/3 Tassen

Für Lamm, Geflügel und Fisch.

30 ml/2 EL Olivenöl

1 Knoblauchzehe

1 Selleriestange, fein gehackt

2 Tomaten, blanchiert, gehäutet und grob gehackt

12 entkernte schwarze Oliven, halbiert

10 ml/2 TL gehackte Basilikumblätter

125 g/4 oz/2 Tassen frische Krümel aus italienischem Brot wie

Ciabatta

Salz und frisch gemahlener schwarzer Pfeffer

Geben Sie das Olivenöl in eine 1-Liter-Schüssel. Ohne Deckel 1 Minute lang auf Vollgas erhitzen. Knoblauch und Sellerie unterrühren. Ohne Deckel 2½ Minuten auf voller Stufe garen, dabei einmal umrühren. Alle restlichen Zutaten untermischen. Kalt verwenden.

Spanische Füllung

Ergibt 225–275 g/8–10 oz/11/3–12/3 Tassen

Für kräftigen Fisch und Geflügel.

Wie italienische Füllung zubereiten, aber die entkernten schwarzen Oliven durch halbierte gefüllte Oliven ersetzen. Verwenden Sie anstelle von Semmelbröseln aus italienischem Brot gewöhnliche weiße Semmelbrösel und fügen Sie 30 ml/2 EL gehobelte und geröstete Mandeln hinzu.

Orangen- und Korianderfüllung

Ergibt 175 g/6 oz/1 Tasse

Für Fleisch und Geflügel.

25 g/1 oz/2 EL Butter oder Margarine

Butter oder Margarine in eine 1-Liter-Schüssel geben. Ohne Deckel 1 Minute lang auf Vollgas erhitzen. Zwiebel unterrühren. Ohne Deckel 3 Minuten auf voller Stufe garen, dabei einmal umrühren. Brösel, Orangenschale und -saft sowie Koriander (Koriander) untermischen und abschmecken. Nur mit Milch binden, wenn die Füllung auf der trockenen Seite bleibt. Kalt verwenden.

Limetten-Koriander-Füllung

Ergibt 175 g/6 oz/1 Tasse

Für Fisch.

Wie für die Orangen-Koriander-Füllung zubereiten, aber die Orange durch die abgeriebene Schale und den Saft einer Limette ersetzen.

Orangen- und Aprikosenfüllung

Ergibt 275 g/10 oz/12/3 Tassen

Für kräftiges Fleisch und Geflügel.

125 g getrocknete Aprikosen, gewaschen
Warmer schwarzer Tee
25 g/1 oz/2 EL Butter oder Margarine
1 kleine Zwiebel, gehackt
5 ml/1 TL fein geriebene Orangenschale
Saft von 1 Orange
125 g/4 oz/2 Tassen frische weiße Semmelbrösel
Salz und frisch gemahlener schwarzer Pfeffer

Die Aprikosen mindestens 2 Stunden in warmem Tee einweichen.
Abtropfen lassen und mit einer Schere in kleine Stücke schneiden.
Butter oder Margarine in eine 1,25-Liter-Schüssel geben. Ohne Deckel
1 Minute lang auf Vollgas erhitzen. Fügen Sie die Zwiebel hinzu.
Ohne Deckel 2 Minuten auf voller Stufe garen, dabei einmal
umrühren. Alle restlichen Zutaten einschließlich der Aprikosen
untermischen. Kalt verwenden.

Apfel-, Rosinen- und Walnussfüllung

Ergibt 275 g/10 oz/12/3 Tassen

Für Schweinefleisch, Lamm, Ente und Gans.

25 g/1 oz/2 EL Butter oder Margarine
1 Essapfel (Dessert), geschält, geviertelt, entkernt und gehackt
1 kleine Zwiebel, gehackt
30 ml/2 EL Rosinen
30 ml/2 EL gehackte Walnüsse
5 ml/1 TL Streuzucker (superfeiner) Zucker
125 g/4 oz/2 Tassen frische weiße Semmelbrösel
Salz und frisch gemahlener schwarzer Pfeffer

Butter oder Margarine in eine 1,25-Liter-Schüssel geben. Ohne Deckel 1 Minute lang auf Vollgas erhitzen. Apfel und Zwiebel unterrühren. Ohne Deckel 2 Minuten auf voller Stufe garen, dabei einmal umrühren. Alle restlichen Zutaten untermischen. Kalt verwenden.

Füllung aus Äpfeln, Pflaumen und Paranüssen

Ergibt 275 g/10 oz/12/3 Tassen

Für Lamm und Pute.

Zubereitung wie Apfel-, Rosinen- und Walnussfüllung, aber ersetzen Sie die Rosinen durch 8 entkernte und gehackte Pflaumen und die Walnüsse durch 30 ml/2 EL dünn geschnittene Paranüsse.

Apfel-, Dattel- und Haselnussfüllung

Ergibt 275 g/10 oz/12/3 Tassen

Für Lamm und Wild.

Zubereiten wie Apfel-, Rosinen- und Walnussfüllung, aber die Rosinen durch 45 ml/3 EL gehackte Datteln und die Walnüsse durch 30 ml/2 EL geröstete und gehackte Haselnüsse ersetzen.

Knoblauch-, Rosmarin- und Zitronenfüllung

Ergibt 175 g/6 oz/1 Tasse

Für Lamm und Schwein.

25 g/1 oz/2 EL Butter oder Margarine
2 Knoblauchzehen, zerdrückt
Abgeriebene Schale von 1 kleinen Zitrone
5 ml/1 TL getrockneter Rosmarin, zerdrückt
15 ml/1 EL gehackte Petersilie
125 g/4 oz/2 Tassen frische weiße oder braune Semmelbrösel
Salz und frisch gemahlener schwarzer Pfeffer
Bei Bedarf Milch oder trockener Rotwein

Butter oder Margarine in eine 1-Liter-Schüssel geben. Ohne Deckel 1 Minute lang auf Vollgas erhitzen. Knoblauch und Zitronenschale unterrühren. Unbedeckt 30 Sekunden lang auf Vollgas erhitzen. Rund mischen und Rosmarin, Petersilie und Semmelbrösel unterrühren. Nach Geschmack würzen. Nur mit Milch oder Wein binden, wenn die Füllung auf der trockenen Seite bleibt. Kalt verwenden.

Knoblauch-, Rosmarin- und Zitronenfüllung mit Parmesankäse

Ergibt 175 g/6 oz/1 Tasse.

Für Rindfleisch.

Wie Knoblauch-Rosmarin-Zitronen-Füllung zubereiten, jedoch 45 ml/3 EL geriebenen Parmesankäse mit den Semmelbröseln hinzufügen.

Meeresfrüchte-Füllung

Ergibt 275 g/10 oz/12/3 Tassen

Für Fisch und Gemüse.

25 g/1 oz/2 EL Butter oder Margarine

125 g/4 oz/1 Tasse ganze geschälte Garnelen (Garnelen)

5 ml/1 TL fein abgeriebene Zitronenschale

125 g/4 oz/2 Tassen frische weiße Semmelbrösel

1 Ei, geschlagen

Salz und frisch gemahlener schwarzer Pfeffer

Milch, ggf

Butter oder Margarine in eine 1-Liter-Schüssel geben. Ohne Deckel 1 Minute lang auf Vollgas erhitzen. Garnelen, Zitronenschale, Semmelbrösel und Ei unterrühren und abschmecken. Nur mit Milch binden, wenn die Füllung auf der trockenen Seite bleibt. Kalt verwenden.

Füllung mit Parmaschinken

Ergibt 275 g/10 oz/12/3 Tassen

Für Geflügel.

Wie für die Meeresfrüchtefüllung zubereiten, aber die Garnelen (Garnelen) durch 75 g/3 oz/¾ Tasse grob gehackten Parmaschinken ersetzen.

Wurstfüllung

Ergibt 275 g/10 oz/12/3 Tassen

Für Geflügel und Schweinefleisch.

25 g/1 oz/2 EL Butter oder Margarine

225 g/8 oz/1 Tasse Schweine- oder Rinderwurst

1 kleine Zwiebel, gerieben

30 ml/2 EL fein gehackte Petersilie

2,5 ml/½ TL Senfpulver

1 Ei, geschlagen

Butter oder Margarine in eine 1-Liter-Schüssel geben. Ohne Deckel 1 Minute lang auf Vollgas erhitzen. Hackfleisch und Zwiebel untermischen. Ohne Deckel 4 Minuten lang auf Vollgas kochen, dabei jede Minute umrühren, um sicherzustellen, dass das Wurstfleisch gründlich zerkleinert wird. Alle restlichen Zutaten untermischen. Kalt verwenden.

Wurstfleisch und Leberfüllung

Ergibt 275 g/10 oz/12/3 Tassen

Für Geflügel.

Zubereiten wie bei Wurstfleischfüllung, aber das Wurstfleisch auf 175 g/6 oz/¾ Tasse reduzieren. Fügen Sie 50 g/2 oz/½ Tasse grob gehackte Hühnerleber mit dem Wurstfleisch und der Zwiebel hinzu.

Wurstfleisch- und Maisfüllung

Ergibt 275 g/10 oz/12/3 Tassen

Zubereitung wie Wurstfleischfüllung, jedoch am Ende der Garzeit 30–45 ml/2–3 EL gekochter Mais unterrühren.

Wurstfleisch und Orangenfüllung

Ergibt 275 g/10 oz/12/3 Tassen

Für Geflügel.

Zubereitung wie Wurstfleischfüllung, jedoch am Ende der Garzeit 5–10 ml/1–2 TL fein geriebene Orangenschale zugeben

Kastanienfüllung mit Ei

Ergibt 350 g/12 oz/2 Tassen

Für Geflügel.

125 g/4 oz/1 Tasse getrocknete Kastanien, über Nacht in Wasser eingeweicht, dann abgetropft

25 g/1 oz/2 EL Butter oder Margarine

1 kleine Zwiebel, gerieben

1,5 ml/¼ TL gemahlene Muskatnuss

125 g/4 oz/2 Tassen frische braune Semmelbrösel

5 ml/1 TL Salz

1 großes Ei, geschlagen

15 ml/1 EL doppelte (schwere) Sahne

Die Kastanien in eine 1,25-Liter-Auflaufform (Dutch Oven) geben und mit kochendem Wasser bedecken. 5 Minuten stehen lassen. Mit Frischhaltefolie (Plastikfolie) abdecken und zweimal aufschlitzen, damit der Dampf entweichen kann. 30 Minuten auf Vollgas garen, bis die Kastanien weich sind. Abgießen und abkühlen lassen. In kleine Stücke zerbrechen. Butter oder Margarine in eine 1,25-Liter-Schüssel geben. Ohne Deckel 1 Minute lang auf Vollgas erhitzen. Fügen Sie die Zwiebel hinzu. Ohne Deckel 2 Minuten auf voller Stufe garen, dabei einmal umrühren. Kastanien, Muskatnuss, Semmelbrösel, Salz und Ei untermischen. Zusammen mit der Creme binden. Kalt verwenden.

Kastanien- und Cranberry-Füllung

Ergibt 350 g/12 oz/2 Tassen

Für Geflügel.

Wie Kastanienfüllung mit Ei zubereiten, jedoch statt Ei die Füllung mit 30–45 ml/2–3 EL Preiselbeersauce binden. Etwas Sahne hinzugeben, falls die Füllung auf der trockenen Seite bleibt.

Cremige Kastanienfüllung

Ergibt 900 g/2 lb/5 Tassen

Für Geflügel und Fisch.

50 g/2 oz/¼ Tasse Butter, Margarine oder Specktropfen

1 Zwiebel, gerieben

500 g ungesüßtes Kastanienpüree aus der Dose

225 g/8 oz/4 Tassen frische weiße Semmelbrösel

Salz und frisch gemahlener schwarzer Pfeffer

2 Eier, geschlagen

Milch, ggf

Butter, Margarine oder Bratensaft in eine 1¾-Liter-/3-Pt-/7½-Tassen-Schale geben. Ohne Deckel 1½ Minuten auf Vollgas erhitzen. Fügen Sie die Zwiebel hinzu. Ohne Deckel 2 Minuten auf voller Stufe garen, dabei einmal umrühren. Kastanienpüree, Semmelbrösel, Salz und Pfeffer nach Geschmack und die Eier gründlich untermischen. Nur mit Milch binden, wenn die Füllung auf der trockenen Seite bleibt. Kalt verwenden.

Cremige Kastanien- und Wurstfüllung

Ergibt 900 g/2 lb/5 Tassen

Für Geflügel und Wild.

Bereiten Sie die Zubereitung wie für die cremige Kastanienfüllung vor, ersetzen Sie die Hälfte des Kastanienpürees jedoch durch 250 g/9 oz/großzügige 1 Tasse Wurstfleisch.

Cremige Kastanienfüllung mit ganzen Kastanien

Ergibt 900 g/2 lb/5 Tassen

Für Geflügel.

Zubereiten wie Kastaniencremefüllung, aber 12 gekochte und zerkleinerte Kastanien mit den Semmelbröseln hinzufügen.

Kastanienfüllung mit Petersilie und Thymian

Ergibt 675 g/1½ lb/4 Tassen

Für Truthahn und Huhn.

15 ml/1 EL Butter oder Margarine

5 ml/1 TL Sonnenblumenöl

1 kleine Zwiebel, fein gehackt

1 Knoblauchzehe, zerdrückt

50 g trockene Petersilie-Thymian-Füllmischung

440 g ungesüßtes Kastanienpüree aus der Dose

150 ml/¼ pt/2/3 Tasse heißes Wasser

Butter oder Margarine und Öl in eine 1,25-Liter-Schüssel geben. Unbedeckt auf Vollgas für 25 Sekunden erhitzen. Fügen Sie die Zwiebel und den Knoblauch hinzu. Ohne Deckel 3 Minuten auf Vollgas garen. Fügen Sie die trockene Füllmischung hinzu und rühren Sie gut um. Ohne Deckel 2 Minuten lang auf voller Stufe kochen, dabei zweimal umrühren. Aus der Mikrowelle nehmen. Das Kastanienpüree nach und nach im Wechsel mit dem heißen Wasser unterrühren, bis alles glatt ist. Zitronenschale und Salz nach Geschmack unterrühren. Kalt verwenden.

Kastanienfüllung mit Schinken

Ergibt 675 g/1½ lb/4 Tassen

Für Truthahn und Huhn.

Wie Kastanienfüllung mit Petersilie und Thymian zubereiten, aber 75 g/3 oz/¾ Tasse gehackten Schinken mit Zitronenschale und Salz hinzufügen.

Hühnerleber-Füllung

Ergibt 350 g/12 oz/2 Tassen

Für Geflügel und Wild.

125 g Hühnerleber

25 g/1 oz/2 EL Butter oder Margarine

1 Zwiebel, gerieben

30 ml/2 EL fein gehackte Petersilie

1,5 ml/¼ TL gemahlener Piment

125 g/4 oz/2 Tassen frische weiße oder braune Semmelbrösel

Salz und frisch gemahlener schwarzer Pfeffer

Leber waschen und auf Küchenpapier trocknen. In kleine Stücke schneiden. Butter oder Margarine in eine 1,25-Liter-Schüssel geben. Ohne Deckel 1 Minute lang auf Vollgas erhitzen. Fügen Sie die Zwiebel hinzu. Ohne Deckel 2 Minuten auf voller Stufe garen, dabei einmal umrühren. Fügen Sie die Lebern hinzu. Ohne Deckel 3 Minuten auftauen lassen und dabei 3 Mal umrühren. Petersilie, Piment und Semmelbrösel untermischen und abschmecken. Nur wenn die Füllung auf der trockenen Seite bleibt, mit etwas Fond binden. Kalt verwenden.

Hühnerleberfüllung mit Pekannüssen und Orange

Ergibt 350 g/12 oz/2 Tassen

Für Geflügel und Wild.

Zubereitung wie Hühnerleberfüllung, jedoch 30 ml/2 EL gebrochene Pekannüsse und 5 ml/1 TL fein geriebene Orangenschale mit den Semmelbröseln hinzufügen.

Triple-Nuss-Füllung

Ergibt 350 g/12 oz/2 Tassen

Für Geflügel und Fleisch.

15 ml/1 EL Sesamöl

1 Knoblauchzehe, zerdrückt

125 g fein gemahlene Haselnüsse

125 g/4 oz/2/3 Tasse fein gemahlene Walnüsse

125 g/4 oz/2/3 Tasse fein gemahlene Mandeln

Salz und frisch gemahlener schwarzer Pfeffer

1 Ei, geschlagen

Gießen Sie das Öl in eine ziemlich große Schüssel. Ohne Deckel 1 Minute lang auf Vollgas erhitzen. Fügen Sie den Knoblauch hinzu. Ohne Deckel 1 Minute auf Vollgas garen. Alle Nüsse unterrühren und abschmecken. Mit dem Ei binden. Kalt verwenden.

Kartoffel- und Putenleberfüllung

Ergibt 675 g/1½ lb/4 Tassen

Für Geflügel.

450 g mehlige Kartoffeln

25 g/1 oz/2 EL Butter oder Margarine

1 Zwiebel, gehackt

2 Scheiben Speck durchwachsen, gehackt

5 ml/1 TL getrocknete gemischte Kräuter

45 ml/3 EL fein gehackte Petersilie

2,5 ml/½ TL gemahlener Zimt

2,5 ml/½ TL gemahlener Ingwer

1 Ei, geschlagen

Salz und frisch gemahlener schwarzer Pfeffer

Die Kartoffeln wie für Rahmkartoffeln beschrieben kochen, jedoch nur mit 60 ml/4 EL Wasser. Abgießen und pürieren. Butter oder Margarine in eine 1,25-Liter-Schüssel geben. Ohne Deckel 1 Minute lang auf Vollgas erhitzen. Zwiebel und Speck unterrühren. Kochen Sie ohne Deckel 3 Minuten lang auf Vollgas und rühren Sie zweimal um. Alle restlichen Zutaten inkl. Kartoffeln mischen, abschmecken. Kalt verwenden.

Reisfüllung mit Kräutern

Ergibt 450 g/1 lb/22/3 Tassen

Für Geflügel.

125 g/4 oz/2/3 Tasse leicht zu kochender Langkornreis

250 ml/8 fl oz/1 Tasse kochendes Wasser

2,5 ml/½ TL Salz

25 g/1 oz/2 EL Butter oder Margarine

1 kleine Zwiebel, gerieben

5 ml/1 TL gehackte Petersilie

5 ml/1 TL Korianderblätter (Koriander).

5 ml/1 TL Salbei

5 ml/1 TL Basilikumblätter

Den Reis mit Wasser und Salz nach Anweisung kochen. Butter oder Margarine in eine 1,25-Liter-Schüssel geben. Ohne Deckel 1 Minute lang auf Vollgas erhitzen. Zwiebel unterrühren. Kochen Sie, unbedeckt, auf Voll für 1 Minute, einmal umrührend. Reis und Kräuter untermischen. Kalt verwenden.

Spanische Reisfüllung mit Tomate

Ergibt 450 g/1 lb/22/3 Tassen

Für Geflügel.

125 g/4 oz/2/3 Tasse leicht zu kochender Langkornreis

250 ml/8 fl oz/1 Tasse kochendes Wasser

2,5 ml/½ TL Salz

25 g/1 oz/2 EL Butter oder Margarine

1 kleine Zwiebel, gerieben

30 ml/2 EL gehackter grüner (Paprika) Pfeffer

1 Tomate, gehackt

30 ml/2 EL gehackte gefüllte Oliven

Den Reis mit Wasser und Salz nach Anweisung kochen. Butter oder Margarine in eine 1,25-Liter-Schüssel geben. Ohne Deckel 1 Minute lang auf Vollgas erhitzen. Rühren Sie die Zwiebel, den grünen Pfeffer, die Tomate und die Oliven ein. Ohne Deckel 2 Minuten lang auf Vollgas kochen, dabei einmal umrühren. Den Reis untermischen. Kalt verwenden.

Fruchtige Reisfüllung

Ergibt 450 g/1 lb/22/3 Tassen

Für Geflügel.

125 g/4 oz/2/3 Tasse leicht zu kochender Langkornreis

250 ml/8 fl oz/1 Tasse kochendes Wasser

2,5 ml/½ TL Salz

25 g/1 oz/2 EL Butter oder Margarine

1 kleine Zwiebel, gerieben

5 ml/1 TL gehackte Petersilie

6 getrocknete Aprikosenhälften, gehackt

6 entsteinte (entkernte) Pflaumen, gehackt

5 ml/1 TL fein geriebene Clementine oder Satsuma-Schale

Den Reis mit Wasser und Salz nach Anweisung kochen. Butter oder Margarine in eine 1,25-Liter-Schüssel geben. Ohne Deckel 1 Minute lang auf Vollgas erhitzen. Zwiebel, Petersilie, Aprikosen, Pflaumen und Schale unterrühren. Kochen Sie, unbedeckt, auf Voll für 1 Minute, einmal umrührend. Den Reis untermischen. Kalt verwenden.

Reisfüllung aus Fernost

Ergibt 450 g/1 lb/22/3 Tassen

Für Geflügel.

Wie Reisfüllung mit Kräutern zubereiten, aber nur den Koriander (Koriander) verwenden. 6 Wasserkastanien aus der Dose und in Scheiben geschnitten und 30 ml/2 EL grob gehackte geröstete Cashewnüsse mit der Zwiebel dazugeben.

Ergibt 450 g/1 lb/22/3 Tassen

Für Geflügel.

Wie Reisfüllung mit Kräutern zubereiten, aber nur die Petersilie verwenden. 30 ml/2 EL gehobelte und geröstete Mandeln und 30 ml/2 EL gesalzene Erdnüsse mit der Zwiebel hinzugeben.

Schokoladen-Crispies

Macht 16

75 g Butter oder Margarine

30 ml/2 EL goldener (heller Mais-)Sirup, geschmolzen

15 ml/1 EL Kakaopulver (ungesüßte Schokolade), gesiebt

45 ml/3 EL Kristallzucker

75 g Cornflakes

Butter oder Margarine und Sirup ohne Deckel 2–3 Minuten auftauen lassen. Kakao und Zucker unterrühren. Die Cornflakes mit einem großen Metalllöffel unterheben und schwenken, bis sie gut bedeckt sind. In Kuchenförmchen aus Papier (Cupcake-Papier) füllen, auf ein Brett oder Tablett stellen und kühl stellen, bis es fest ist.

Devil's Food Kuchen

Serviert 8

Ein Traum von einem nordamerikanischen Küchenmaschinenkuchen mit einer leichten und lockeren Textur und einem intensiven Schokoladengeschmack.

100 g/4 oz/1 Tasse einfache (halbbittere) Schokolade, in Stücke
gebrochen
225 g/8 oz/2 Tassen selbstaufgehendes (selbstaufgehendes) Mehl
25 g/1 oz/2 EL Kakaopulver (ungesüßte Schokolade).
1,5 ml/¼ TL Natron (Backpulver)
200 g/7 oz/knapp 1 Tasse dunkel weicher brauner Zucker
150 g Butter oder weiche Margarine bei Küchentemperatur
5 ml/1 TL Vanilleessenz (Extrakt)
2 große Eier, bei Küchentemperatur
120 ml/4 fl oz/½ Tasse Buttermilch oder je 60 ml/4 EL Magermilch
und Naturjoghurt
Puderzucker zum Bestäuben

Legen Sie den Boden und die Seiten einer geraden, tiefen Souffléform mit einem Durchmesser von 20 cm/8 Zoll dicht mit Frischhaltefolie (Plastikfolie) aus. Die Schokolade in einer kleinen Schüssel 3–4 Minuten auftauen lassen und dabei zweimal umrühren. Mehl, Kakao und Natron direkt in die Schüssel einer Küchenmaschine sieben. Fügen Sie die geschmolzene Schokolade mit allen restlichen Zutaten hinzu und verarbeiten Sie alles für etwa 1 Minute oder bis die Zutaten gut vermischt sind und die Mischung einem dicken Teig ähnelt. In die vorbereitete Form geben und locker mit Küchenpapier abdecken. 9-10 Minuten auf Vollgas backen, dabei die Form zweimal wenden, bis der Kuchen bis zum Rand der Form aufgegangen ist und die Oberseite mit kleinen, zerbrochenen Bläschen bedeckt ist und ziemlich trocken aussieht. Wenn noch klebrige Flecken zurückbleiben, garen Sie weitere 20–30 Sekunden auf Vollgas. Etwa 15 Minuten in der Mikrowelle stehen lassen (der Kuchen fällt leicht zusammen), dann herausnehmen und abkühlen lassen, bis es gerade noch warm ist. Heben Sie sie vorsichtig aus der Form, indem Sie die Frischhaltefolie festhalten, und legen Sie sie zum vollständigen Abkühlen auf ein Kuchengitter. Frischhaltefolie abziehen und vor dem Servieren mit gesiebtem Puderzucker bestäuben. In einem luftdichten Behälter aufbewahren.

Mokka-Torte

Serviert 8

Zubereiten wie Devil's Food Cake, aber nach dem Erkalten den Kuchen waagerecht in drei Schichten schneiden. Schlagen Sie 450 ml/¾ pt/2 Tassen doppelt (schwer) oder Schlagsahne, bis sie dick ist. Mit etwas gesiebtem Puderzucker nach Belieben süßen, dann mit kaltem schwarzen Kaffee kräftig abschmecken. Verwenden Sie etwas von der Sahne, um die Kuchenschichten zusammenzufügen, und schwenken Sie dann den Rest über die Oberseite und die Seiten. Vor dem Servieren leicht kühlen.

Mehrschichtiger Kuchen

Serviert 8

Zubereiten wie Devil's Food Cake, aber nach dem Erkalten den Kuchen waagerecht in drei Schichten schneiden. Sandwich zusammen mit Aprikosenmarmelade, Schlagsahne und geriebener Schokolade oder Schokoladenaufstrich.

Schwarzwälder Kirschtorte

Serviert 8

Zubereiten wie Devil's Food Cake, jedoch den ausgekühlten Kuchen waagerecht in drei Böden schneiden und jeweils mit Kirschlikör benetzen. Sandwich zusammen mit Kirschmarmelade (Konfitüre) oder Kirschfruchtfüllung. Schlagen Sie 300 ml/½ pt/1¼ Tassen doppelt (schwer) oder Schlagsahne, bis sie dickflüssig ist. Auf der Oberseite und den Seiten des Kuchens verteilen. Drücken Sie eine zerdrückte Schokoladenflockentafel oder geriebene Schokolade an die Seiten und dekorieren Sie die Oberseite mit halbierten glacé (kandierten) Kirschen.

Serviert 8

Zubereiten wie Devil's Food Cake, jedoch den ausgekühlten Kuchen waagerecht in drei Böden schneiden und jeweils mit Orangenlikör benetzen. Sandwich zusammen mit fein geriebener Orangenmarmelade und einer dünnen Runde Marzipan (Mandelpaste). Schlagen Sie 300 ml/½ pt/1¼ Tassen doppelt (schwer) oder Schlagsahne, bis sie dickflüssig ist. Mit 10–15 ml/2–3 TL schwarzer Melasse färben und leicht süßen, dann 10 ml/2 TL abgeriebene Orangenschale unterrühren. Auf der Oberseite und den Seiten des Kuchens verteilen.

Schokoladen-Butter-Creme-Torte

Für 8–10 Personen

30 ml/2 EL Kakaopulver (ungesüßte Schokolade).

60 ml/4 EL kochendes Wasser

175 g Butter oder Margarine bei Küchentemperatur

175 g/6 oz/¾ Tasse dunkler weicher brauner Zucker

5 ml/1 TL Vanilleessenz (Extrakt)

3 Eier, bei Küchentemperatur

175 g/6 oz/1½ Tassen selbstaufgehendes (selbstaufgehendes) Mehl

15 ml/1 EL schwarzer Sirup (Melasse)

Buttercremeglasur

Puderzucker zum Bestäuben (optional)

Den Boden und die Seiten einer 18 x 9 cm/7 x 3½ Zoll großen Auflaufform dicht mit Frischhaltefolie (Plastikfolie) auskleiden und leicht über den Rand hängen lassen. Den Kakao glatt mit dem kochenden Wasser verrühren. Butter oder Margarine, Zucker und Vanilleessenz cremig schlagen, bis sie leicht und locker sind. Die Eier einzeln unterschlagen und jeweils 15 ml/1 EL Mehl hinzufügen. Das restliche Mehl mit dem schwarzen Sirup unterheben, bis es gleichmäßig vermischt ist. Glatt in die vorbereitete Form streichen und locker mit Küchenpapier abdecken. 6–6½ Minuten auf Vollgas backen, bis der Kuchen gut aufgegangen ist und oben nicht mehr feucht aussieht. Nicht zu lange backen, sonst schrumpft der Kuchen und wird zäh. Lassen Sie ihn 5 Minuten stehen, lösen Sie den Kuchen dann aus seiner Form, indem Sie die Frischhaltefolie (Plastikfolie) festhalten, und legen Sie ihn auf ein Kuchengitter. Den Wrap vorsichtig abziehen und abkühlen lassen. Den Kuchen waagerecht in drei Schichten schneiden und zusammen mit der Glasur (Zuckerguss) sandwichen. Nach Belieben die Oberseite vor dem Anschneiden mit gesiebtem Puderzucker bestäuben.

Schokoladen-Mokka-Kuchen

Für 8–10 Personen

Zubereiten wie Schoko-Butter-Creme-Torte, aber Butter-Creme-Glasur (Frosting) mit 15 ml/1 EL sehr starkem schwarzem Kaffee würzen. Für einen intensiveren Geschmack fügen Sie dem flüssigen Kaffee 5 ml/1 TL gemahlenen Kaffee hinzu.

Orangen-Schoko-Torte

Für 8–10 Personen

Zubereiten wie Schoko-Butter-Creme-Torte, jedoch 10 ml/2 TL fein geriebene Orangenschale zu den Kuchenzutaten geben.

Doppelter Schokoladenkuchen

Für 8–10 Personen

Zubereiten wie für Schokoladen-Buttercreme-Torte, aber 100 g/4 oz/1 Tasse geschmolzene und abgekühlte einfache (halbsüße) Schokolade

zur Buttercreme-Glasur (Zuckerguss) hinzufügen. Vor Gebrauch fest
werden lassen.

Schlagsahne und Walnusstorte

Für 8–10 Personen

1 Schokoladen-Butter-Creme-Torte
300 ml/½ Pt/1¼ Tassen doppelte (schwere) Sahne
150 ml/¼ pt/2/3 Tasse Schlagsahne
45 ml/3 EL Puderzucker, gesiebt
Jede Aromaessenz (Extrakt), wie Vanille, Rose, Kaffee, Zitrone,
Orange, Mandel, Ratafia
Nüsse, Schokoladenraspel, Silberdragees, kandierte Blütenblätter oder
kandierte Früchte zum Dekorieren

Den Kuchen waagerecht in drei Böden schneiden. Schlagen Sie die
Cremes zusammen, bis sie dick sind. Puderzucker und Aroma nach
Geschmack unterheben. Die Tortenböden mit der Sahne
zusammenlegen und die Oberseite nach Belieben dekorieren.

Weihnachtstorte

Für 8–10 Personen

1 Schokoladen-Butter-Creme-Torte

45 ml/3 EL kernlose Himbeermarmelade (Konfitüre)

Marzipan (Mandelpaste)

300 ml/½ Pt/1¼ Tassen doppelte (schwere) Sahne

150 ml/¼ pt/2/3 Tasse Schlagsahne

60 ml/4 EL Kristallzucker

Glacé (kandierte) Kirschen und essbare Stechpalmenzweige zum

Dekorieren

Den Kuchen in drei Böden schneiden und zusammen mit der Konfitüre mit dünn ausgerollten Marzipanringen belegen. Sahne und Puderzucker schaumig schlagen und damit die Oberseite und die Seiten des Kuchens bedecken. Die Oberseite mit Kirschen und Stechpalmen dekorieren.

Amerikanische Brownies

Macht 12

50 g/2 oz/½ Tasse Zartbitter-Schokolade, in Stücke gebrochen

75 g Butter oder Margarine

175 g/6 oz/¾ Tasse dunkler weicher brauner Zucker

2 Eier, bei Küchentemperatur, geschlagen

150 g/5 oz/1¼ Tassen einfaches (Allzweck-)Mehl

1,5 ml/¼ TL Backpulver

5 ml/1 TL Vanilleessenz (Extrakt)

30 ml/2 EL kalte Milch

Puderzucker zum Bestäuben

Butter und Grundlinie a 25 x 16 3 5 cm/10 x 6½ 3 2 in Schale. Schokolade und Butter oder Margarine 2 Minuten lang bei Vollgas schmelzen und umrühren, bis alles gut vermischt ist. Zucker und Eier unterschlagen, bis alles gut vermischt ist. Mehl und Backpulver versieben, dann mit dem Vanillearoma und der Milch leicht unter die Schokoladenmasse rühren. Gleichmäßig in der vorbereiteten Form verteilen und locker mit Küchenpapier abdecken. 7 Minuten auf Vollgas backen, bis der Kuchen gut aufgegangen ist und die Oberseite mit kleinen Luftlöchern übersät ist. 10 Minuten in der Form abkühlen lassen. In Quadrate schneiden, die Oberseiten ziemlich dick mit Puderzucker bestäuben, dann auf einem Kuchengitter vollständig auskühlen lassen. In einem luftdichten Behälter aufbewahren.

Schokoladen-Nuss-Brownies

Macht 12

Wie amerikanische Brownies zubereiten, jedoch 90 ml/6 EL grob gehackte Walnüsse mit dem Zucker hinzugeben. 1 Minute extra kochen.

Hafer-Toffee-Dreiecke

Macht 8

125 g Butter oder Margarine
50 g/2 oz/3 EL goldener (leichter Mais) Sirup
25 ml/1½ EL schwarzer Sirup (Melasse)
100 g/4 oz/½ Tasse dunkler weicher brauner Zucker
225 g/8 oz/2 Tassen Haferbrei

Fetten Sie eine tiefe Schüssel mit 20 cm Durchmesser gründlich ein. Butter, Sirup, Sirup und Zucker ohne Deckel schmelzen und 5 Minuten auftauen lassen. Haferflocken unterrühren und die Mischung in der Form verteilen. Kochen Sie ohne Deckel 4 Minuten lang auf Vollgas, wobei Sie die Schüssel einmal wenden. 3 Minuten stehen lassen. Weitere 1½ Minuten garen. Lauwarm abkühlen lassen, dann in acht Dreiecke schneiden. Kalt aus der Form nehmen und in einem luftdichten Behälter aufbewahren.

Müsli-Dreiecke

Macht 8

Zubereiten wie Oaten Toffee Triangles, jedoch Haferflocken durch ungesüßtes Müsli ersetzen.

Schokoladen-Queenies

Macht 12

125 g/4 oz/1 Tasse selbstaufgehendes (selbstaufgehendes) Mehl
30 ml/2 EL Kakaopulver (ungesüßte Schokolade).
50 g/2 oz/¼ Tasse Butter oder Margarine bei Küchentemperatur
50 g/2 oz/¼ Tasse heller weicher brauner Zucker
1 Ei
5 ml/1 TL Vanilleessenz (Extrakt)
30 ml/2 EL kalte Milch
Puderzucker oder Schokoladenaufstrich zum Dekorieren (optional)

Mehl und Kakao zusammen sieben. In einer separaten Schüssel die Butter oder Margarine und den Zucker cremig schlagen, bis sie weich und locker sind. Ei und Vanilleessenz unterschlagen. Die Mehlmischung abwechselnd mit der Milch unterheben und ohne zu schlagen mit einer Gabel kräftig verrühren. Auf 12 Tortenförmchen aus Papier (Cupcake-Papiere) verteilen. Sechs Stück auf einmal auf den Drehteller aus Glas oder Kunststoff legen, locker mit Küchenpapier abdecken und 2 Minuten lang auf Vollgas garen. Auf einem Kuchengitter abkühlen. Mit gesiebtem Puderzucker bestäuben oder nach Belieben mit Schokocreme bestreichen. In einem luftdichten Behälter aufbewahren.

Flockige Schokoladen-Queenies

Macht 12

Wie Chocolate Queenies zubereiten, aber einen kleinen Schokoriegel zerdrücken und vorsichtig in die Kuchenmasse rühren, nachdem das Ei und die Vanilleessenz hinzugefügt wurden.

Frühstückskuchen mit Kleie und Ananas

Ergibt etwa 12 Stück

*Ein ziemlich dicker Kuchen und ein nützliches Snack-Frühstück, das
mit Joghurt und einem Getränk serviert wird.*

100 g/3½ oz/1 Tasse All Bran Müsli

50 g/2 oz/¼ Tasse dunkler weicher brauner Zucker

175 g/6 oz zerdrückte Ananas aus der Dose

20 ml/4 TL dickflüssiger Honig

1 Ei, geschlagen

300 ml/½ Pt/1¼ Tassen Magermilch

*150 g/5 oz/1¼ Tassen selbstaufgehendes (selbstaufgehendes)
Vollkornmehl*

Legen Sie den Boden und die Seiten einer Auflaufform mit 18 cm Durchmesser eng mit Frischhaltefolie (Plastikfolie) aus und lassen Sie sie ganz leicht über den Rand hängen. Müsli, Zucker, Ananas und Honig in eine Schüssel geben. Mit einem Teller abdecken und 5 Minuten auftauen lassen. Die restlichen Zutaten unter kräftigem Rühren ohne Schlagen mischen. Auf das vorbereitete Gericht geben. Mit Küchenpapier locker abdecken und 20 Minuten auf Auftauen garen, dabei die Form viermal wenden. Lassen Sie es abkühlen, bis es nur noch warm ist, und legen Sie es dann auf ein Gitter, indem Sie die Frischhaltefolie festhalten. Wenn es vollständig kalt ist, lagern Sie es vor dem Schneiden 1 Tag lang in einem luftdichten Behälter.

Fruchtiger Schokoladenbiskuit-Crunch-Kuchen

Macht 10–12

200 g/7 oz/knapp 1 Tasse einfache (halbsüße) Schokolade, in Quadrate gebrochen
225 g/8 oz/1 Tasse ungesalzene (süße) Butter (keine Margarine)
2 große Eier, bei Küchentemperatur, geschlagen
5 ml/1 TL Vanilleessenz (Extrakt)
75 g/3 oz/¾ Tasse grob gehackte gemischte Nüsse
75 g/3 oz/¾ Tasse gehackte kristallisierte Ananas oder Papaya
75 g/3 oz/¾ Tasse gehackter kristallisierter Ingwer

25 ml/1½ EL Puderzucker, gesiebt

15 ml/1 EL Fruchtlikör, wie Grand Marnier oder Cointreau

225 g/8 oz einfache süße Kekse (Kekse) wie Digestifs (Graham

Cracker), jeweils in 8 Stücke gebrochen

Legen Sie den Boden und die Seiten einer Schüssel mit 20 cm Durchmesser oder einer Biskuit-Sandwichform (Pfanne) dicht mit Frischhaltefolie (Plastikfolie) aus. Schmelzen Sie die Schokoladenstücke in einer großen Schüssel ohne Deckel 4–5 Minuten lang auftauen, bis sie sehr weich sind, aber noch ihre ursprüngliche Form behalten. Butter in große Würfel schneiden und ohne Deckel 2–3 Minuten auftauen lassen. Mit den Eiern und der Vanille-Essenz gründlich in die geschmolzene Schokolade einrühren. Alle restlichen Zutaten untermischen. Wenn alles gut vermischt ist, in die vorbereitete Form streichen und mit Folie oder Frischhaltefolie (Plastikfolie) abdecken. 24 Stunden kalt stellen, dann vorsichtig herausheben und die Frischhaltefolie abziehen. Zum Servieren in Stücke schneiden. Zwischen den Portionen im Kühlschrank aufbewahren, da der Kuchen bei Raumtemperatur weicher wird.

Fruchtiger Mokka-Keks-Crunch-Kuchen

Macht 10–12

Zubereiten wie Fruited Chocolate Biscuit Crunch Cake, jedoch 20 ml/4 TL lösliches Kaffeepulver oder -granulat mit der Schokolade schmelzen und den Fruchtlikör durch Kaffeelikör ersetzen.

Crunch-Kuchen mit Fruchtrum und Rosinenkeksen

Macht 10–12

Bereiten Sie die Zubereitung wie für Fruited Chocolate Biscuit Crunch Cake vor, aber ersetzen Sie die kandierten Früchte durch 100 g/3½ oz/¾ Tasse Rosinen und den Likör durch dunklen Rum.

Fruited Whiskey und Orange Biscuit Crunch Cake

Macht 10–12

Zubereiten wie Fruited Chocolate Biscuit Crunch Cake, aber die fein abgeriebene Schale von 1 Orange in die Schokolade und Butter einrühren und den Likör durch Whiskey ersetzen.

Fruchtiger Crunch-Kuchen mit weißer Schokolade

Macht 10–12

Zubereitung wie Fruited Chocolate Biscuit Crunch Cake, aber dunkle Schokolade durch weiße ersetzen.

Zweischichtiger Aprikosen-Himbeer-Käsekuchen

Serviert 12

Für die Basis:

100 g Butter

225 g/8 oz/2 Tassen Schokoladen-Verdauungskekse (Graham Cracker)-Krümel

5 ml/1 TL gemischtes (Apfelkuchen-) Gewürz

Für die Aprikosenschicht:

60 ml/4 EL kaltes Wasser

30 ml/2 EL gemahlene Gelatine

500 g Quark (weicher Hüttenkäse).

250 g/9 oz/1¼ Tassen Quark oder Quark

60 ml/4 EL glatte Aprikosenmarmelade (Konfitüre)

75 g/3 oz/2/3 Tasse Streuzucker (superfeiner) Zucker

3 Eier, getrennt

Eine Prise Salz

Für die Himbeerschicht:

45 ml/3 EL kaltes Wasser

15 ml/1 EL gemahlene Gelatine

225 g/8 oz frische Himbeeren, zerkleinert und gesiebt (passiert)

30 ml/2 EL Kristallzucker

150 ml/¼ pt/2/3 Tasse doppelte (schwere) Sahne

Zur Dekoration:

Frische Himbeeren, Erdbeeren und Johannisbeerstränge

Für den Boden die Butter ohne Deckel 3–3½ Minuten auf dem Auftauen schmelzen. Keksbrösel und gemischte Gewürze unterrühren. Gleichmäßig auf dem Boden einer Springform mit 25 cm Durchmesser verteilen. 30 Minuten kalt stellen, bis sie fest ist.

Für die Aprikosenschicht Wasser und Gelatine in eine Schüssel geben und gut verrühren. 5 Minuten stehen lassen, bis sie weich sind. Unbedeckt schmelzen, auftauen für 2½–3 Minuten. Quark, Frischkäse oder Quark, Marmelade, Zucker und Eigelb in eine Küchenmaschine geben und die Maschine laufen lassen, bis sich die Zutaten gut verbunden haben. In eine große Schüssel kratzen, mit einem Teller abdecken und kalt stellen, bis sie gerade anfängt einzudicken und am Rand fest werden. Eiweiß und Salz zu steifem Schnee schlagen. Ein Drittel in die Käsemischung schlagen, dann den Rest mit einem Metalllöffel oder Pfannenwender unterheben. Gleichmäßig auf dem Keksboden verteilen. Mit Küchenpapier locker abdecken und mindestens 1 Stunde kühl stellen, bis er fest ist.

Für die Himbeerschicht Wasser und Gelatine in eine Schüssel geben und gut verrühren. 5 Minuten stehen lassen, bis sie weich sind. Unbedeckt auf dem Auftauen 1½–2 Minuten schmelzen. Mit dem Himbeerpüree und dem Zucker verrühren. Mit Folie oder Frischhaltefolie (Plastikfolie) abdecken und kühl stellen, bis sie gerade anfangen zu verdicken und sich um den Rand legen. Die Sahne schlagen, bis sie weich wird. Ein Drittel unter die Fruchtmischung schlagen, dann den Rest mit einem Metalllöffel oder Pfannenwender unterheben. Gleichmäßig auf der Käsekuchenmischung verteilen. Locker abdecken und mehrere Stunden kühl stellen, bis sie fest sind. Zum Servieren mit einem in heißes Wasser getauchten Messer am inneren Rand entlangfahren, um den Käsekuchen zu lockern. Lösen Sie die Dose und entfernen Sie die Seite. Die Oberseite mit Früchten dekorieren. Mit einem in heißes Wasser getauchten Messer in Portionen schneiden.

Erdnussbutter-Käsekuchen

Serviert 10

Für die Basis:

100 g Butter

225 g/8 oz/2 Tassen Ingwerkekse (Keksbrösel).

Für den Belag:

90 ml/6 EL kaltes Wasser

45 ml/3 EL gemahlene Gelatine

750 g Quark (weicher Hüttenkäse).

4 Eier, getrennt

5 ml/1 TL Vanilleessenz (Extrakt)

150 g/5 oz/2/3 Tassen Streuzucker (superfeiner) Zucker

Eine Prise Salz

150 ml/¼ pt/2/3 Tasse doppelte (schwere) Sahne

60 ml/4 EL glatte Erdnussbutter, Küchentemperatur

Gehackte leicht gesalzene oder einfache Erdnüsse (optional)

Für den Boden die Butter ohne Deckel 3–3½ Minuten auf dem Auftauen schmelzen. Biskuitbrösel unterrühren. Auf dem Boden einer Springform (Pfanne) mit 20 cm Durchmesser verteilen und 20–30 Minuten kalt stellen, bis sie fest ist.

Für das Topping Wasser und Gelatine in eine Schüssel geben und gut verrühren. 5 Minuten stehen lassen, um weich zu werden. Unbedeckt schmelzen, auftauen für 3–3½ Minuten. Käse, Eigelb, Vanilleessenz und Zucker in eine Küchenmaschine geben und die Maschine glatt rühren. In eine große Schüssel auskratzen. Eiweiß und Salz zu steifem Schnee schlagen. Die Sahne schlagen, bis sie weich wird. Eiweiß und Sahne abwechselnd unter die Käsemasse heben. Zum Schluss die Erdnussbutter unterrühren. Gleichmäßig in der vorbereiteten Form verteilen, gut abdecken und mindestens 12 Stunden kalt stellen. Zum Servieren mit einem in heißes Wasser getauchten Messer seitlich herumfahren, um es zu lösen. Lösen Sie die Dose und entfernen Sie die Seiten. Nach Belieben mit gehackten Erdnüssen dekorieren. Mit einem in heißes Wasser getauchten Messer in Portionen schneiden.

Zitronenquark-Käsekuchen

Serviert 10

Wie Erdnussbutter-Käsekuchen zubereiten, aber die Erdnussbutter durch Zitronenquark ersetzen.

Schokoladenkäsekuchen

Serviert 10

Zubereiten wie Erdnussbutter-Käsekuchen, aber Erdnussbutter durch Schokoladenaufstrich ersetzen.

Serviert 10

Ein Rezept, das mir eine Neuseeländerin geschickt hat, basierend auf der tomatenähnlichen Frucht Tamarillo. Da sie nicht immer leicht zu bekommen sind, sind Winter-Sharon-Früchte ein bewundernswerter Ersatz, oder sogar die gleich aussehende Persimone, solange sie sehr reif sind.

Für die Basis:

175 g Butter

100 g/3½ oz/½ Tasse heller weicher brauner Zucker

225 g/8 oz Malzkeksbrösel (Keksbrösel).

Für die Füllung:

4 Sharon-Früchte, gehackt

100 g/4 oz/½ Tasse heller weicher brauner Zucker

30 ml/2 EL gemahlene Gelatine

30 ml/2 EL kaltes Wasser

300 g Frischkäse

3 große Eier, getrennt

Saft von ½ Zitrone

Eine Springform mit 25 cm Durchmesser gründlich ausspülen und nass lassen. Butter oder Margarine ohne Deckel 3–3½ Minuten auf dem Auftauen schmelzen. Zucker und Keksbrösel unterrühren.

Gleichmäßig auf den Boden der Form drücken. Während der Zubereitung der Kuchenfüllung kalt stellen.

Für die Füllung die Sharonfrucht in eine Schüssel geben und mit der Hälfte des Zuckers bestreuen. Die Gelatine in eine Schüssel geben und das Wasser einrühren. 5 Minuten stehen lassen, bis sie weich sind. Unbedeckt schmelzen, auftauen für 3–3½ Minuten. In einer separaten Schüssel den Käse schaumig schlagen, dann Gelatine, Eigelb, Zitronensaft und restlichen Zucker einarbeiten. Das Eiweiß zu steifem Schnee schlagen. Abwechselnd mit der Sharonfrucht unter die Käsemischung heben. Auf den Biskuitboden geben und über Nacht kalt stellen. Führen Sie zum Servieren ein in heißes Wasser getauchtes Messer um die Seite, um es zu lösen, lösen Sie dann die Dose und entfernen Sie die Seiten.

Blaubeerekäsekuchen

Serviert 10

Zubereitung wie Sharon-Frucht-Käsekuchen, aber Sharon-Frucht durch 350 g Heidelbeeren ersetzen.

Gebackener Zitronen-Käsekuchen

Serviert 10

Für die Basis:

75 g/3 oz/1/3 Tasse Butter, bei Küchentemperatur

175 g/6 oz/1½ Tassen Digestive Kekse (Graham Cracker) Krümel

30 ml/2 EL Kristallzucker

Für die Füllung:

450 g/1 lb/2 Tassen mittelfetter Quark (weicher Hüttenkäse), bei
Küchentemperatur

75 g/3 oz/1/3 Tasse Streuzucker (superfeiner) Zucker

2 große Eier, bei Küchentemperatur

5 ml/1 TL Vanilleessenz (Extrakt)

15 ml/1 EL Speisestärke (Maisstärke)

Fein abgeriebene Schale und Saft von 1 Zitrone

150 ml/¼ pt/2/3 Tasse doppelte (schwere) Sahne

150 ml/5 oz/2/3 Tasse Sauerrahm

Für den Boden die Butter ohne Deckel 2–2½ Minuten auf dem Auftauen schmelzen. Biskuitbrösel und Zucker unterrühren. Legen Sie den Boden und die Seite einer Schüssel mit 20 cm Durchmesser mit Frischhaltefolie (Plastikfolie) aus und lassen Sie sie ganz leicht über

77

den Rand hängen. Boden und Seiten mit der Keksmischung bedecken. Ohne Deckel 2½ Minuten auf Vollgas garen.

Für die Füllung den Käse weich schlagen, dann die restlichen Zutaten außer der sauren Sahne untermischen. In die Krümelschublade füllen und locker mit Küchenpapier abdecken. 12 Minuten auf voller Stufe garen, dabei das Gericht zweimal wenden. Der Kuchen ist fertig, wenn in der Mitte etwas Bewegung zu sehen ist und die Oberseite etwas aufgegangen ist und gerade anfängt zu springen. 5 Minuten stehen lassen. Aus der Mikrowelle nehmen und vorsichtig mit der sauren Sahne bestreichen, die sich darauf setzt und beim Abkühlen gleichmäßig wird.

Gebackener Limetten-Käsekuchen

Serviert 10

Zubereiten wie für gebackenen Zitronen-Käsekuchen, aber die Schale und den Saft von 1 Limette durch die Zitrone ersetzen.

Gebackener Käsekuchen mit schwarzen Johannisbeeren

Serviert 10

Zubereiten wie für gebackenen Zitronen-Käsekuchen, aber wenn er vollständig kalt ist, die Oberseite entweder mit hochwertiger Johannisbeermarmelade (Konfitüre) oder mit schwarzer Johannisbeerfruchtfüllung aus der Dose bestreichen.

Serviert 10

Zubereiten wie für gebackenen Zitronen-Käsekuchen, aber das Maismehl (Maisstärke) durch Himbeerpuddingpulver ersetzen. Die Oberseite mit frischen Himbeeren dekorieren.

Minz-Auberginen-Dip

6–8 Portionen

750 g/1½ lb Auberginen (Auberginen)

Saft von 1 Zitrone

20 ml/4 TL Olivenöl

1–2 Knoblauchzehen, zerdrückt

250 ml/8 fl oz/1 Tasse Quark oder Quark

15 ml/1 EL gehackte Minzblätter

1,5 ml/¼ TL Streuzucker (superfeiner) Zucker

7,5–10 ml/1½–2 TL Salz

Die Auberginen köpfen und enden und längs halbieren. Auf einem großen Teller mit den Schnittflächen nach unten anrichten und mit Küchenpapier abdecken. 8-9 Minuten auf Vollgas garen oder bis sie weich sind. Schöpfen Sie das Fruchtfleisch aus den Häuten direkt in eine Küchenmaschine und fügen Sie die restlichen Zutaten hinzu. Zu einem glatten und cremigen Püree verarbeiten. In eine Servierschüssel geben, abdecken und vor dem Servieren leicht kühlen.

Auberginen-Dip mit Tomaten und gemischten Kräutern

6–8 Portionen

750 g/1½ lb Auberginen (Auberginen)
5 ml/1 TL gehackte Minzblätter
75 ml/3 TL gehackte Korianderblätter (Koriander).
5 ml/1 TL gehackte Petersilie
3 Tomaten, blanchiert, gehäutet, entkernt und fein gehackt

Die Auberginen köpfen und enden und längs halbieren. Auf einem großen Teller mit den Schnittflächen nach unten anrichten und mit Küchenpapier abdecken. 8-9 Minuten auf Vollgas garen oder bis sie weich sind. Schöpfen Sie das Fruchtfleisch aus den Schalen direkt in eine Küchenmaschine und fügen Sie die restlichen Zutaten außer den Tomaten hinzu. Zu einem glatten und cremigen Püree verarbeiten. Die Tomaten einrühren, dann in eine Servierschüssel geben, abdecken und vor dem Servieren leicht kühlen.

Auberginen- und Tahini-Dip aus dem Nahen Osten

6–8 Portionen

750 g/1½ lb Auberginen (Auberginen)

45 ml/3 EL Tahini (Sesampaste)

Saft von 1 kleinen Zitrone

1 Knoblauchzehe, in dünne Scheiben geschnitten

25 ml/1½ EL Olivenöl

1 kleine Zwiebel, in Scheiben geschnitten

60 ml/4 EL grob gehackte Korianderblätter (Koriander).

5 ml/1 TL Streuzucker (superfeiner) Zucker

5–10 ml/1–2 TL Salz

Die Auberginen köpfen und enden und längs halbieren. Auf einem großen Teller mit den Schnittflächen nach unten anrichten und mit Küchenpapier abdecken. 8-9 Minuten auf Vollgas garen oder bis sie weich sind. Schaufeln Sie das Fruchtfleisch aus den Schalen direkt in eine Küchenmaschine. Fügen Sie die restlichen Zutaten hinzu und salzen Sie nach Geschmack. Zu einem glatten und cremigen Püree verarbeiten. In eine Servierschüssel geben und bei Zimmertemperatur servieren.

Türkischer Auberginen-Dip

6–8 Portionen

750 g/1½ lb Auberginen (Auberginen)

30 ml/2 EL Olivenöl

Saft von 1 großen Zitrone

2,5–5 ml/½–1 TL Salz

2,5 ml/½ TL Streuzucker (superfeiner) Zucker

Schwarze Oliven, rote (Paprika-)Paprikastreifen und Tomatenspalten

zum Garnieren

Die Auberginen köpfen und enden und längs halbieren. Auf einem großen Teller mit den Schnittflächen nach unten anrichten und mit Küchenpapier abdecken. 8-9 Minuten auf Vollgas garen oder bis sie weich sind. Schöpfen Sie das Fruchtfleisch aus den Häuten direkt in eine Küchenmaschine und fügen Sie die restlichen Zutaten hinzu. Zu einem halbglatten Püree verarbeiten. In eine Servierschüssel füllen und mit Oliven, Paprika und Tomatenspalten garnieren.

Griechischer Auberginen-Dip

6–8 Portionen

750 g/1½ lb Auberginen (Auberginen)

1 kleine Zwiebel, grob gerieben

2 Knoblauchzehen, in dünne Scheiben geschnitten

5 ml/1 TL Malzessig

5 ml/1 TL Zitronensaft

150 ml/¼ pt/2/3 Tasse mildes Olivenöl

2 große Tomaten, blanchiert, entkernt und grob gehackt

Petersilie, grüne oder rote (Paprika-)Pfefferringe und kleine schwarze

Oliven zum Garnieren

Die Auberginen köpfen und enden und längs halbieren. Auf einem großen Teller mit den Schnittflächen nach unten anrichten und mit Küchenpapier abdecken. 8-9 Minuten auf Vollgas garen oder bis sie weich sind. Schöpfen Sie das Fruchtfleisch aus den Schalen direkt in eine Küchenmaschine und fügen Sie die Zwiebel, den Knoblauch, den Essig, den Zitronensaft und das Öl hinzu. Zu einem glatten Püree verarbeiten. In eine große Schüssel geben und die Tomaten untermischen. In eine Servierschüssel füllen und mit Petersilie, Paprikaringen und Oliven garnieren.

Bagna Cauda

Für 4–6 Portionen

Ein ungemein reichhaltiger und einzigartiger Sardellen-Dip aus Italien, der einmal zubereitet über einem Spirituskocher auf dem Esstisch warm gehalten werden sollte. Die Dunks sind im Allgemeinen rohes oder gekochtes Gemüse. Verwenden Sie nur mildes und zartes blassgoldenes natives Olivenöl extra, da der Geschmack sonst zu stark sein kann.

30 ml/2 EL Olivenöl
25 g/1 oz/2 EL ungesalzene (süße) Butter
1 Knoblauchzehe, zerdrückt
50 g/2 oz/1 kleine Dose Sardellenfilets in Öl
60 ml/4 EL fein gehackte Petersilie
15 ml/1 EL fein gehackte Basilikumblätter

Öl, Butter und Knoblauch in eine nichtmetallische, feuerfeste Schüssel geben. Fügen Sie das Öl aus der Sardellendose, die Petersilie und das Basilikum hinzu. Sardellen fein hacken und in die Schüssel geben. Decken Sie die Schüssel teilweise mit einem Teller ab und garen Sie sie 3–4 Minuten lang auf Auftauen, bis der Dip gerade aufgewärmt ist.

In einen brennenden Spirituskocher geben und beim Essen warm halten.

Auberginenauflauf

Serviert 4

Ein Louisiana-Rezept, das mit mir aus diesem dampfenden Teil Nordamerikas zurückgekehrt ist.

2 Auberginen (Auberginen), insgesamt etwa 550 g

1 Selleriestange, fein gehackt

1 große Zwiebel, fein gehackt

½ grüne (Paprika) Paprika, entkernt und fein gehackt

30 ml/2 EL Sonnenblumen- oder Maisöl

3 Tomaten, gehäutet und gehackt

75 g/3 oz/1½ Tassen frische weiße Semmelbrösel

Salz und frisch gemahlener schwarzer Pfeffer

50 g/2 oz/½ Tasse Cheddar-Käse, gerieben

Mit einem scharfen Messer die Haut jeder Aubergine längs und rundherum einritzen. Auf einen Teller legen, mit Küchenpapier abdecken und 6 Minuten auf Vollgas garen, dabei einmal wenden. Sie sollten sich zart anfühlen, aber wenn nicht, weitere 1–2 Minuten garen. Jeweils entlang der Kerbe halbieren, dann das Fruchtfleisch in einen Mixer oder eine Küchenmaschine geben und die Häute entsorgen. Zu einem Püree verarbeiten. Sellerie, Zwiebel, grüne Paprika und Öl in eine 2-Liter-Auflaufform (Dutch Oven) geben, mit einem Teller abdecken und 3 Minuten lang auf Vollgas garen. Auberginenpüree, Tomaten, Semmelbrösel und Salz und Pfeffer nach Geschmack untermischen und weitere 3 Minuten auf Vollgas garen. Aufdecken, mit dem Käse bestreuen und ohne Deckel 2 Minuten lang auf Vollgas erhitzen. Vor dem Servieren 2 Minuten stehen lassen.

Eingelegte Cocktailpilze

Serviert 8

60 ml/4 EL Rotweinessig

60 ml/4 EL Sonnenblumen- oder Maisöl

1 Zwiebel, sehr dünn geschnitten

5 ml/1 TL Salz

15 ml/1 EL gehackte Korianderblätter (Koriander).

5 ml/1 TL milder Senf

15 ml/1 EL heller weicher brauner Zucker

5 ml/1 TL Worcestersauce

Cayenne Pfeffer

350 g Champignons

Essig, Öl, Zwiebel, Salz, Koriander, Senf, Zucker und Worcestersauce in eine 2-Liter-Auflaufform (Dutch Oven) geben und mit Cayennepfeffer bestreuen. Mit einem Teller abdecken und 6 Minuten auf Vollgas erhitzen. Pilze unterrühren. Wenn es kalt ist, abgedeckt etwa 12 Stunden kalt stellen. Abgießen und mit einem cremigen Dip servieren.

Gefüllte gebackene Auberginen mit Eiern und Pinienkernen

2 dient

2 Auberginen (Auberginen), insgesamt etwa 550 g

10 ml/2 TL Zitronensaft

75 g/3 oz/1½ Tassen frische weiße oder braune Semmelbrösel

45 ml/3 EL geröstete Pinienkerne

7,5 ml/1½ TL Salz

1 Knoblauchzehe, zerdrückt

3 hart gekochte (hart gekochte) Eier, gehackt

60 ml/4 EL Milch

5 ml/1 TL getrocknete gemischte Kräuter

20 ml/4 TL Olivenöl

Mit einem scharfen Messer die Haut jeder Aubergine längs und rundherum einritzen. Auf einen Teller legen, mit Küchenpapier abdecken und 6 Minuten auf Vollgas garen, dabei einmal wenden. Sie sollten sich zart anfühlen, aber wenn nicht, weitere 1–2 Minuten garen. Jeweils entlang der Einkerbung halbieren, dann das Fruchtfleisch in einen Mixer oder eine Küchenmaschine geben und die Haut intakt lassen. Den Zitronensaft dazugeben und zu einem glatten Püree verarbeiten. In eine Schüssel kratzen und alle restlichen Zutaten außer dem Öl untermischen. In die Auberginenschalen löffeln, dann mit den schmalen Enden zur Mitte auf einem Teller anrichten. Das Öl darüber träufeln, mit Küchenpapier abdecken und 4 Minuten auf Vollgas erhitzen. Heiß oder kalt essen.

Griechische Pilze

Serviert 4

1 Tütchen Bouquet garni

1 Knoblauchzehe, zerdrückt

2 Lorbeerblätter

60 ml/4 EL Wasser

30 ml/2 EL Zitronensaft

15 ml/1 EL Weinessig

15 ml/1 EL Olivenöl

5 ml/1 TL Salz

450 g Champignons

30 ml/2 EL gehackte Petersilie

Alle Zutaten außer den Pilzen und der Petersilie in eine große Schüssel geben. Mit einem Teller abdecken und 4 Minuten auf Vollgas erhitzen. Die Pilze einrühren, wie zuvor zudecken und weitere 3½ Minuten auf Vollgas garen. Abkühlen, zudecken und mehrere Stunden kalt stellen. Das Bouquet garni herausnehmen, dann die Champignons mit einem

Abtropflöffel auf vier Teller heben, jeweils mit der Petersilie bestreuen und servieren.

Artischocken-Vinaigrette

Serviert 4

450 g Topinambur
Vinaigrette-Dressing, selbstgemacht oder gekauft
10 ml/2 TL gehackte Petersilie
5 ml/1 TL gehackter Estragon

Artischocken und etwas Wasser in eine Schüssel geben und mit einem Teller abdecken. 10 Minuten auf voller Stufe garen, dabei die Schüssel zweimal wenden. Gründlich abtropfen lassen und in dicke Scheiben schneiden. Noch warm mit dem Vinaigrette-Dressing bestreichen. Auf vier Teller verteilen und mit Petersilie und Estragon bestreuen.

Caesar Salat

Serviert 4

Ein einzigartiger Salat, der in den Zwanzigerjahren von Caesar Cardini kreiert wurde und ungewöhnlicherweise gekochte Eier enthält. Es ist ein herrlich einfacher Starter und hat dennoch klassischen Chic.

1 Römersalat, gekühlt

1 Knoblauchzehe, zerdrückt

60 ml/4 EL natives Olivenöl extra

Salz und frisch gemahlener schwarzer Pfeffer

2 große Eier

5 ml/1 TL Worcestersauce

Saft von 2 Zitronen, abgeseiht

90 ml/6 EL frisch geriebener Parmesan

50 g/2 oz/1 Tasse Knoblauchcroûtons

Den Salat quer in 5 cm große Stücke schneiden und mit Knoblauch, Öl und Gewürzen nach Geschmack in eine Salatschüssel geben. Vorsichtig werfen. Zum Verwöhnen der Eier eine Müslischale mit Frischhaltefolie (Plastikfolie) auslegen und die Eier hineinschlagen.

Ohne Deckel 1½ Minuten auf Auftauen garen. Mit allen restlichen Zutaten in die Salatschüssel geben und erneut mischen, bis alles gut vermischt ist. Auf Tellern anrichten und sofort servieren.

Holländischer Chicorée mit Ei und Butter

Serviert 4

8 Köpfe Chicorée (Belgischer Chicorée)
30 ml/2 EL Zitronensaft
75 ml/5 EL kochendes Wasser
5 ml/1 TL Salz
75 g/3 oz/1/3 Tasse Butter, Küchentemperatur und ziemlich weich
4 hart gekochte (hart gekochte) Eier, gehackt

Den Chicorée putzen und jeweils ein kegelförmiges Stück aus der Basis herausschneiden, um einen bitteren Geschmack zu vermeiden. Ordnen Sie den Chicorée in einer einzigen Schicht in einer Schüssel mit 20 cm Durchmesser an und fügen Sie den Zitronensaft und das Wasser hinzu. Mit dem Salz bestreuen. Mit Frischhaltefolie (Plastikfolie) abdecken und zweimal aufschlitzen, damit der Dampf entweichen kann. 15 Minuten auf Vollgas garen. 3 Minuten stehen lassen, dann abtropfen lassen. Während der Chicorée kocht, die Butter schlagen, bis sie hell und cremig ist. Eier untermischen. Den Chicorée auf vier vorgewärmte Teller anrichten und mit der Eiermasse bestreuen. Gleich essen.

Ei-Mayonnaise

Dient 1

Als eine der Standard-Vorspeisen Frankreichs ist Eier-Mayonnaise zuverlässig appetitanregend und kann je nach Geschmack variiert werden.

Zerkleinerte Salatblätter
1–2 hartgekochte (hart gekochte) Eier, halbiert
Mayonnaise-Sauce oder gekaufte Mayonnaise verwenden
4 Sardellenfilets aus der Dose in Öl
1 Tomate, in Spalten geschnitten

Den Salat auf einem Teller anrichten. Mit den Eiern belegen, Seiten nach unten schneiden. Mit der Mayonnaise ziemlich dick bestreichen, dann nach Belieben mit Sardellen und Tomatenspalten garnieren.

Eier mit Skordalia-Mayonnaise

Serviert 4

Eine vereinfachte Version einer komplexen Knoblauch-Semmelbrösel-Mayonnaise-Sauce, die den vollen Geschmack und die Textur der Eier ergänzt.

150 ml/¼ pt/2/3 Tasse Mayonnaise-Sauce

1 Knoblauchzehe, zerdrückt

10 ml/2 TL frische weiße Semmelbrösel

15 ml/1 EL gemahlene Mandeln

10 ml/2 TL Zitronensaft

10 ml/2 TL gehackte Petersilie

Zerkleinerte Salatblätter

2 oder 4 hartgekochte (hart gekochte) Eier, halbiert

1 rote Zwiebel, sehr dünn geschnitten

Kleine griechische schwarze Oliven zum Garnieren

Mayonnaise, Knoblauch, Semmelbrösel, Mandeln, Zitronensaft und Petersilie mischen. Den Salat auf einem Teller anrichten und mit den Eihälften belegen. Mit der Mayonnaise-Mischung bestreichen, dann mit Zwiebelscheiben und Oliven garnieren.

Schottische Waldschnepfe

Serviert 4

*Dieser gehört zur alten Liga der City Gentlemen's Clubs und gehört,
heiß serviert, nach wie vor zu den edelsten Canapés.*

4 Scheiben Brot

Butter

Gentleman's Relish oder Sardellenpaste

2 Mengen extra cremiges Rührei

Ein paar eingelegte Sardellenfilets in Öl zum Garnieren

Brot toasten, dann mit Butter bestreichen. Mit Gentleman's Relish oder
Sardellenpaste dünn bestreichen, jede Scheibe vierteln und warm
stellen. Machen Sie das extra cremige Rührei und löffeln Sie es auf die
Toastviertel. Mit Sardellenfilets garnieren.

Eier mit schwedischer Mayonnaise

Serviert 4

Zerkleinerte Salatblätter

1–2 hartgekochte (hart gekochte) Eier, halbiert

25 ml/1½ EL Apfelpüree (Apfelmus)

Caster (superfeiner) Zucker

150 ml/¼ Pt/2/3 Tasse Mayonnaise-Sauce oder gekaufte Mayonnaise

verwenden

5 ml/1 TL Meerrettichsauce

5–10 ml/1–2 TL schwarzer oder orangefarbener Scheinkaviar

1 Essapfel mit roter Schale, in dünne Scheiben geschnitten

Den Salat auf einem Teller anrichten. Mit den Eiern belegen, Seiten nach unten schneiden. Das Apfelmus leicht mit Puderzucker süßen, dann mit der Meerrettichsauce unter die Mayonnaise mischen. Bestreichen Sie die Eier mit dieser Mischung und garnieren Sie sie dann mit dem künstlichen Kaviar und einem Band aus Apfelscheiben.

Türkischer Bohnensalat

Serviert 6

Dies wird in der Türkei Fesulya Plaki genannt und ist im Wesentlichen eine Mischung aus Dosenbohnen (Marinebohnen) und einer Portion mediterranem Gemüse. Es ist eine sparsame Vorspeise und bittet um knuspriges Brot an der Seite.

75 ml/5 EL Olivenöl

2 Zwiebeln, fein gerieben

2 Knoblauchzehen, zerdrückt

1 große reife Tomate, blanchiert, gehäutet, entkernt und gehackt

1 grüne (Paprika), entkernt und sehr fein gehackt

10 ml/2 TL Streuzucker (superfeiner) Zucker

75 ml/5 EL Wasser

2,5–5 ml/½–1 TL Salz

30 ml/2 EL gehackter Dill (Dillkraut)

400 g/14 oz/1 große Dose weiße Bohnen, abgetropft

Das Öl, die Zwiebeln und den Knoblauch in eine 1,75-Liter-Schüssel geben und ohne Deckel 5 Minuten lang bei voller Hitze garen, dabei zweimal umrühren. Tomaten, grüne Paprika, Zucker, Wasser und Salz untermischen. Zwei Drittel mit einem Teller abdecken und 7 Minuten auf Vollgas garen, dabei zweimal umrühren. Vollständig abkühlen lassen, dann abdecken und mehrere Stunden kalt stellen. Dill und

Bohnen unterrühren. Wieder zudecken und eine weitere Stunde kalt stellen.

Bohnensalat mit Ei

Serviert 6

Bereiten Sie ihn wie türkischen Bohnensalat zu, aber garnieren Sie jede Portion mit Keilen aus hart gekochtem (hart gekochtem) Ei.

Eingetopfter Kipper

Serviert 6

275 g Bücklingfilets

75 g/3 oz/1/3 Tasse Frischkäse

Saft von ½ Zitrone

2,5 ml/½ Teelöffel Englischer oder kontinentaler Senf

1 Knoblauchzehe, in dünne Scheiben geschnitten (optional)

Heißer Toast oder herzhafte Kekse (Cracker) zum Servieren

Gib die Bücklinge in die Mikrowelle. Haut und Knochen entfernen und das Fruchtfleisch auflösen. Mit den restlichen Zutaten in eine Küchenmaschine geben und verarbeiten, bis die Mischung eine Paste bildet. In eine kleine Schüssel geben und die Oberseite nivellieren. Abdecken und kalt stellen, bis es fest ist. Aufstrich auf heißem Toast oder herzhaften Keksen servieren.

Garnelen im Topf

Serviert 4

*Ein weiteres typisch britisches Erweckungsrezept. Mit frisch
zubereitetem dünnem weißem Toast servieren.*

175 g ungesalzene (süße) Butter
225 g/8 oz/2 Tassen kleine Garnelen
Eine Prise Piment
Weißer Pfeffer
Toast, zum Servieren

Die Butter in eine Schüssel geben und mit einem Teller abdecken.
Mikrowelle auf Voll für etwa 2-3 Minuten, bis sie geschmolzen sind.
Zwei Drittel der Butter mit den Garnelen verrühren, dann mit Piment
und Pfeffer abschmecken. In vier einzelne Töpfe oder
Auflaufförmchen (Custard Cups) löffeln. Mit der restlichen Butter
gleichmäßig bestreichen. Kühl stellen, bis die Butter fest ist. Auf
Teller stürzen und mit Toast essen.

Gebackene Avocados mit gefüllten Eiern

Serviert 4

*Ein vernachlässigtes Rezept aus den siebziger Jahren, das damals oft
für eine leichte Mahlzeit oder eine kräftige Vorspeise gewählt wurde.*

2 Selleriestangen, fein gehackt

60 ml/4 EL frische weiße Semmelbrösel

2,5 ml/½ TL fein abgeriebene Zitronenschale

5 ml/1 TL Zwiebelsalz

2,5 ml/½ TL Paprika

45 ml/3 EL einfache (helle) Sahne

Frisch gemahlener schwarzer Pfeffer

2 mittelgroße gerade reife Avocados

2 große hart gekochte (hart gekochte) Eier, gehackt

20 ml/4 TL geröstete Semmelbrösel

20 ml/4 TL geschmolzene Butter

Sellerie, weiße Semmelbrösel, Zitronenschale, Zwiebelsalz, Paprika
und Sahne mischen und mit Pfeffer abschmecken. Avocados halbieren
und Kerne (Kerne) entfernen. Einen Teil des Fruchtfleisches
herauslösen, um Platz für die Füllung zu schaffen, und grob
zerdrücken. Das Fruchtfleisch mit den Eiern zur Bröselmischung
geben. Gut mischen und in die Avocadoschalen geben. Mit den spitzen
Enden zur Mitte auf einem Teller anrichten. Mit den gerösteten
Semmelbröseln bestreuen, dann die Butter darüber träufeln. Mit

Küchenpapier abdecken und 4–5 Minuten auf Vollgas erwärmen. Gleich essen.

Mit Tomaten und Käse gefüllte Avocados

Als Hauptgericht für 2 Personen, als Vorspeise für 4 Personen

Eine herrliche Mischung, perfekt für Vegetarier und alle anderen, die in diese Richtung denken.

2 große reife Avocados

Saft von ½ Limette

50 g/2 oz/1 Tasse weiche braune Semmelbrösel

1 kleine Zwiebel, fein gerieben

2 Tomaten, blanchiert, enthäutet und gehackt

Salz und frisch gemahlener schwarzer Pfeffer

50 g Hartkäse, gerieben

Paprika

8 geröstete Haselnüsse

Avocados halbieren und das Fruchtfleisch vorsichtig direkt in eine Schüssel geben. Limettensaft dazugeben und mit einer Gabel fein zerdrücken. Semmelbrösel, Zwiebel und Tomaten mit Salz und Pfeffer abschmecken. In die Avocadoschalen geben und mit Käse und Paprika bestreuen. Jede Hälfte mit zwei Haselnüssen garnieren. Auf einem großen Teller mit den spitzen Enden zur Mitte anrichten. Mit Küchenpapier locker abdecken und 5–5½ Minuten auf Vollgas garen. Sofort servieren.

Skandinavischer Rollmop und Apfelsalat

Serviert 4

75 g/3 oz getrocknete Apfelringe
150 ml/¼ pt/2/3 Tasse Wasser
3 Rollmops mit Zwiebeln
150 ml/¼ pt/2/3 Tasse Schlagsahne oder doppelte (schwere) Sahne
Knäckebrot, zum Servieren

Die Apfelringe waschen, in Stücke schneiden, in eine mittelgroße Schüssel geben und das Wasser hinzufügen. Mit einem Teller abdecken und 5 Minuten auf Vollgas erhitzen. 5 Minuten stehen lassen, dann gründlich abtropfen lassen. Lösen Sie die Rollmops und schneiden Sie sie in diagonale Streifen. Zum Apfel mit den Zwiebeln geben und die Sahne untermischen. Abdecken und über Nacht im Kühlschrank marinieren. Vor dem Servieren umrühren, dann auf einzelnen Tellern anrichten und mit Knäckebrot servieren.

Rollmop und Apfelsalat mit Currysauce

Serviert 4

Wie Skandinavischer Rollmop und Apfelsalat zubereiten, aber die Creme halb durch Mayonnaise und halb Crème fraîche ersetzen. Mit Currypaste nach Geschmack abschmecken.

Blattsalat mit Ziegenkäse und warmem Dressing

Serviert 4

12 kleine runde Salatblätter

1 Buchskresse

20 Raketenblätter

4 einzelne Ziegenkäse

90 ml/6 EL Traubenkernöl

30 ml/2 EL Haselnussöl

10 ml/2 TL Orangenblütenwasser

10 ml/2 TL Dijon-Senf

45 ml/3 EL Reis- oder Apfelessig

10 ml/2 TL Streuzucker (superfeiner) Zucker

5 ml/1 TL Salz

Salatblätter waschen und trocknen. Kresse putzen, waschen und trocknen. Den Rucola waschen und abtropfen lassen. Ordnen Sie diese drei ansprechend auf vier einzelnen Tellern an und legen Sie jeweils einen Käse in die Mitte. Alle restlichen Zutaten in eine Schüssel geben und ohne Deckel 3 Minuten auf Auftauen erhitzen. Zum Mischen umrühren und dann über jeden Salat geben.

Gelee-Tomaten-Eisbecher

Serviert 4

4 Tomaten, blanchiert, enthäutet und gehackt

5 ml/1 TL fein gehackte frische Ingwerwurzel

5 ml/1 TL fein abgeriebene Limettenschale

20 ml/4 TL gemahlene Gelatine

750 ml/1¼ pt/3 Tassen Hühnerbrühe

30 ml/2 EL Tomatenpüree (Paste)

5 ml/1 TL Worcestersauce

5 ml/1 TL Streuzucker (superfeiner) Zucker

5 ml/1 TL Selleriesalz

20 ml/4 TL Crème fraîche

Geröstete Sesamkörner zum Bestreuen

Käsekekse (Cracker), zum Servieren

Die Tomaten gleichmäßig auf vier große Weingläser verteilen, dann mit Ingwer und Limettenschale bestreuen. Die Gelatine in eine 1,5-Liter-Schüssel mit 75 ml/5 EL Brühe geben und 5 Minuten weich werden lassen. Unbedeckt auf dem Auftauen ca. 2 Minuten schmelzen. Restliche Brühe mit Tomatenpüree, Worcestersauce, Zucker und Selleriesalz unterrühren. Vorsichtig verquirlen, bis alles gleichmäßig vermischt ist, dann nur kühlen, bis es gerade beginnt, leicht einzudicken. Über die Tomaten geben, dann kalt stellen. Mit je 5 ml/1 TL Crème Fraîche bestreuen und mit Sesam bestreuen und mit Käsekeksen servieren.

Gefüllte Tomaten

Serviert 4

*Eine solide, aber unkomplizierte Vorspeise, köstlich serviert auf
Buttertoast oder in Knoblauchbutter gebratenem (sautiertem) Brot.*

6 Tomaten

1 Zwiebel, gerieben

50 g/2 oz/1 Tasse frische weiße Semmelbrösel

5 ml/1 TL hergestellter Senf

5 ml/1 TL Salz

15 ml/1 EL gehackter Schnittlauch oder Petersilie

*50 g/2 oz/½ Tasse gehacktes kaltes gekochtes Fleisch oder Geflügel,
gehackte Garnelen (Garnelen) oder geriebener Käse*

1 kleines Ei, geschlagen

Die Tomaten halbieren und die Mitte in eine Schüssel geben, die
harten Kerne entfernen. Stellen Sie die Muscheln zum Abtropfen
kopfüber auf Küchenpapier. Alle restlichen Zutaten in eine Schüssel
geben und das Tomatenmark hinzugeben. Mit einer Gabel gut
umrühren, dann wieder in die Tomatenhälften geben. In zwei Ringen
ineinander um den Rand eines Tellers legen. Mit Küchenpapier
abdecken und 7 Minuten auf Vollgas garen, dabei den Teller dreimal
wenden. Heiß servieren, dabei drei Hälften pro Portion lassen.

Italienische gefüllte Tomaten

Serviert 4

6 Tomaten

75 g/3 oz/1½ Tassen frische braune Semmelbrösel

175 g/6 oz/1½ Tassen Mozzarella-Käse, gerieben

2,5 ml/½ TL getrockneter Oregano

2,5 ml/½ TL Salz

10 ml/2 TL gehackte Basilikumblätter

1 Knoblauchzehe, zerdrückt

1 kleines Ei, geschlagen

Die Tomaten halbieren und die Mitte in eine Schüssel geben, die harten Kerne entfernen. Stellen Sie die Muscheln zum Abtropfen kopfüber auf Küchenpapier. Alle restlichen Zutaten in eine Schüssel geben und das Tomatenmark hinzugeben. Mit einer Gabel gut umrühren, dann wieder in die Tomatenhälften geben. In zwei Ringen ineinander um den Rand eines Tellers legen. Mit Küchenpapier abdecken und 7–8 Minuten auf Vollgas garen, dabei den Teller dreimal wenden. Heiß oder kalt servieren, dabei drei Hälften pro Portion einplanen.

Tomaten- und Hühnersalatbecher

Serviert 4

450 ml/¾ pt/2 Tassen Hühnerbrühe

15 ml/1 EL gemahlene Gelatine

30 ml/2 EL Tomatenpüree (Paste)

1 kleine Zwiebel, fein gerieben

5 ml/1 TL Streuzucker (superfeiner) Zucker

1 kleine grüne (Paprika) Paprika, in kleine Würfel geschnitten

175 g/6 oz/1½ Tassen kaltes gekochtes Fleisch, fein gehackt

1 Karotte, gerieben

2 Ananasringe aus der Dose (nicht frisch oder das Gelee wird nicht fest)

2 hart gekochte (hart gekochte) Eier, gerieben

Gießen Sie die Hälfte der Brühe in eine 1,5-Liter-Schüssel. Gelatine unterrühren und 5 Minuten quellen lassen. Unbedeckt auf dem Auftauen 2–2½ Minuten schmelzen. Fügen Sie die restliche Brühe hinzu und rühren Sie gut um, um zu mischen. Abdecken und kalt stellen, bis es kalt ist und gerade anfängt einzudicken, dann alle restlichen Zutaten außer den Eiern unterheben. Auf vier Glasschalen verteilen und bis zum Festwerden kalt stellen. Vor dem Servieren mit dem Ei bestreuen.

Gehacktes Ei und Zwiebel

Für 4 Personen als Vorspeise, 6 Personen als Vorspeise

Ein spektakulärer ganzjähriger jüdischer Klassiker, der am besten mit knusprigen Keksen wie traditionellen Matzen gegessen wird. Der große Vorteil ist, dass die Eier in der Mikrowelle erhitzt werden – keine überschwängliche Küche und kein Topf zum Abwaschen. Butter oder jede Margarine wird hier vorgeschlagen, aber die orthodoxe Gemeinschaft würde nur pflanzliche Margarine verwenden.

5 hart gekochte (hart gekochte) Eier, geschält und fein gehackt
40 g/1½ oz/3 EL Butter oder Margarine, eingeweicht
1 Zwiebel, fein gerieben
Salz und frisch gemahlener schwarzer Pfeffer
Salatblätter oder Petersilie zum Garnieren

Kombinieren Sie die gehackten Eier mit der Butter oder Margarine. Die Zwiebel unterrühren und nach Geschmack würzen. Auf vier Teller stapeln und jeweils mit Salatblättern oder Petersilie garnieren.

Quiche Lorraine

Für 4–6 Portionen

Die original französische Quiche oder der herzhafte Flan mit einer „Familie" von Variationen.

Für den Teig (Paste):

175 g/6 oz/1½ Tassen einfaches (Allzweck-)Mehl

1,5 ml/¼ TL Salz

100 g/3½ oz/knapp ½ Tasse Butter gemischt mit Margarine, weißem Speisefett oder Schmalz, oder verwenden Sie reine Margarine

1 kleines Eigelb

Für die Füllung:

6 Scheiben (Scheiben) durchwachsener Speck

3 Eier

300 ml/½ Pt/1¼ Tassen Vollmilch oder (leichte) Sahne

2,5 ml/½ gestrichener TL Salz

Frisch gemahlener schwarzer Pfeffer

Geriebene Muskatnuss

Für den Teig Mehl und Salz in eine Schüssel sieben. Das Fett einreiben, bis die Masse wie feine Semmelbrösel aussieht, dann mit kaltem Wasser zu einem festen Teig verkneten. In Folie wickeln und ½–¾ Stunde kalt stellen. Auf eine bemehlte Oberfläche stürzen und schnell und leicht kneten, bis sie glatt sind. Zu einem dünnen Kreis ausrollen und eine Glas-, Porzellan- oder Ton-Flanform mit 20 cm

Durchmesser auslegen. Drücken Sie den oberen Rand in kleine Flöten und stechen Sie dann überall mit einer Gabel ein. Ohne Deckel 6 Minuten auf Vollgas garen, dabei die Schüssel zweimal wenden. Sollte sich der Teig stellenweise aufgewölbt haben, mit einer durch einen Topfhandschuh geschützten Hand leicht andrücken. Alles mit Eigelb bestreichen und 1 Minute auf Vollgas garen, um Löcher zu verschließen. Während der Zubereitung der Füllung stehen lassen.

Die Speckscheiben auf einem mit Küchenpapier ausgelegten Teller anrichten, mit einem weiteren Blatt Küchenpapier abdecken und 5 Minuten auf Vollgas garen, dabei einmal wenden. Abgießen und leicht abkühlen lassen. Schneiden Sie jede Scheibe in drei Stücke und legen Sie sie auf den Boden des Gebäckbehälters. Die Eier mit der Milch oder Sahne verquirlen und mit Salz und Pfeffer abschmecken. Vorsichtig in den Flan über den Speck abseihen und mit Muskatnuss bestreuen. Ohne Deckel auf Full garen und dabei die Form viermal wenden, 10–12 Minuten lang oder bis die Bläschen gerade beginnen, in der Mitte zu platzen. Vor dem Schneiden 10 Minuten stehen lassen. Warm oder kalt essen.

Käse-Tomaten-Quiche

Für 4–6 Portionen

Wie Quiche Lorraine zubereiten, aber den Speck durch drei geschälte und in Scheiben geschnittene Tomaten ersetzen.

Räucherlachs-Quiche

Für 4–6 Portionen

Wie Quiche Lorraine zubereiten, aber den Speck durch 175 g Räucherlachs, in Streifen geschnitten, ersetzen.

Garnelen-Quiche

Für 4–6 Portionen

Wie Quiche Lorraine zubereiten, aber den Speck durch 175 g/6 oz/1½ Tassen gehackte Garnelen (Garnelen) ersetzen.

Spinatquiche

Für 4–6 Portionen

Wie Quiche Lorraine zubereiten, aber den Boden des Flans mit 175 g gekochtem Spinat, aus dem das gesamte Wasser ausgewrungen wurde, anstelle des Specks bedecken. (Der Spinat muss möglichst trocken sein, sonst wird der Teig (Paste) matschig.)

Mediterrane Quiche

Für 4–6 Portionen

Wie Quiche Lorraine zubereiten, aber den Boden des Flans mit 185 g/6½ oz/1 kleine Dose Thunfischflocken und seinem Öl, 12 entsteinten (entkernten) schwarzen Oliven und 20 ml/4 TL Tomatenpüree (Paste) bedecken Speck.

Spargel-Quiche

Für 4–6 Portionen

Wie Quiche Lorraine zubereiten, aber den Speck durch 350 g/1 große Dose Spargelstangen ersetzen. Gründlich abtropfen lassen, sechs Stangen zurückbehalten und den Rest hacken. Zum Abdecken des Tortenbodens verwenden. Mit den reservierten Speeren garnieren.

Gefüllte Walnüsse

Für 4–6 Portionen

225 g/8 oz/2 Tassen Walnusshälften

50 g Butter

10 ml/2 TL Maisöl

5 ml/1 TL Senfpulver

5 ml/1 TL Paprika

5 ml/1 TL Selleriesalz

5 ml/1 TL Zwiebelsalz

2,5 ml/½ TL Chilipulver

Salz

Die Walnusshälften rösten. Butter und Öl in einer flachen Schüssel ohne Deckel 1½ Minuten lang auf Vollgas erhitzen. Fügen Sie die Nüsse hinzu und mischen Sie sie vorsichtig mit der Butter und dem Öl, bis alles gut vermischt ist. Unbedeckt lassen und 3–4 Minuten auf Vollgas garen, dabei häufig wenden und genau beobachten, ob sie zu braun werden. Auf Küchenpapier abtropfen lassen. Senfpulver, Paprikapulver, Selleriesalz, Zwiebelsalz, Chilipulver und Salz nach Geschmack in eine Plastiktüte geben. In einem luftdichten Behälter aufbewahren.

Paranüsse mit Curry

Für 4–6 Portionen

225 g/8 oz/2 Tassen Paranüsse, in dicke Scheiben geschnitten
50 g Butter
10 ml/2 TL Maisöl
20 ml/4 TL mildes, mittleres oder scharfes Currypulver
Salz

Die Paranüsse rösten. Butter und Öl in einer flachen Schüssel ohne Deckel 1½ Minuten lang auf Vollgas erhitzen. Fügen Sie die Nüsse hinzu und mischen Sie sie vorsichtig mit der Butter und dem Öl, bis alles gut vermischt ist. Unbedeckt lassen und 3–4 Minuten auf Vollgas garen, dabei häufig wenden und genau beobachten, ob sie zu braun werden. Auf Küchenpapier abtropfen lassen. In einer Plastiktüte mit Currypulver und Salz abschmecken. In einem luftdichten Behälter aufbewahren.

Flan mit Blauschimmelkäse und Pekannüssen

Für 4–6 Portionen

Eine raffinierte Ergänzung der Quiche-Familie.

Für den Teig (Paste):

175 g/6 oz/1½ Tassen einfaches (Allzweck-)Mehl

1,5 ml/¼ TL Salz

100 g/3½ oz/knapp ½ Tasse Butter gemischt mit Margarine, weißem

Speisefett oder Schmalz, oder verwenden Sie reine Margarine

45 ml/3 EL fein gehackte Pekannüsse

1 kleines Eigelb

Für die Füllung:

200 g/7 oz/knapp 1 Tasse Vollfett-Frischkäse

30–45 ml/2–3 EL geschnittener Schnittlauch oder Frühlingszwiebeln

(Schalenzwiebeln)

125 g/4 oz/großzügig 1 Tasse Blauschimmelkäse, zerkrümelt

5 ml/1 TL Paprika

3 Eier

60 ml/4 EL Vollmilch oder Sahne (hell).

Salz und frisch gemahlener schwarzer Pfeffer

Für den Teig Mehl und Salz in eine Schüssel sieben. Reiben Sie das Fett ein, bis die Mischung wie feine Semmelbrösel aussieht, und fügen Sie dann die gehackten Nüsse hinzu. Mit kaltem Wasser zu einem festen Teig verarbeiten. In Folie wickeln und ½–¾ Stunde kalt stellen.

Auf eine bemehlte Oberfläche stürzen und schnell und leicht kneten, bis sie glatt sind. Zu einem dünnen Kreis ausrollen und eine Glas-, Porzellan- oder Ton-Flanform mit 20 cm Durchmesser auslegen. Den oberen Rand in kleine Flöten drücken und dann mit einer Gabel überall einstechen. Ohne Deckel 6 Minuten auf Vollgas garen, dabei die Schüssel zweimal wenden. Sollte sich der Teig stellenweise aufgewölbt haben, mit einer durch einen Topfhandschuh geschützten Hand leicht andrücken. Alles mit Eigelb bestreichen und 1 Minute auf Vollgas garen, um Löcher zu verschließen. Während der Zubereitung der Füllung stehen lassen.

Die Zutaten für die Füllung in eine Küchenmaschine geben, mit Salz und Pfeffer abschmecken und verarbeiten, bis die Mischung glatt ist. Glatt in den Flan-Förmchen (Tortenboden) verteilen. 14 Minuten auf Auftauen garen, dabei dreimal wenden. 5 Minuten stehen lassen. Warm oder kalt essen.

Reichhaltige Leberpastete

Für 8–10 Personen

Ausgezeichnet serviert mit heißem Toast auf Partys oder besonderen Abendessen.

250 g/9 oz/großzügig 1 Tasse Butter

1 Knoblauchzehe, zerdrückt

450 g Hühnerleber

1,5 ml/¼ TL geriebene Muskatnuss

Salz und frisch gemahlener schwarzer Pfeffer

Geben Sie 175 g/6 oz/¾ Tasse der Butter in eine 1,75 Liter/3 pt/7½ Tasse große Schüssel und schmelzen Sie sie ohne Deckel 2 Minuten lang auf Vollgas. Knoblauch einrühren. Stechen Sie jedes Stück Hühnerleber mit der Spitze eines Messers ein und fügen Sie es der Schüssel hinzu. Mit der Butter gut verrühren. Mit einem Teller abdecken und 8 Minuten auf Vollgas garen, dabei zweimal umrühren. Muskat untermischen, dann gut abschmecken. In zwei batc

Scharfe und saure Krabbensuppe

Serviert 6

Ein opulenter Beitrag aus China, ein leicht gemachtes Vergnügen.

1 Liter/1¾ Pkt./4¼ Tassen Geflügelfond

225 g/7 oz/1 kleine Dose Wasserkastanien, grob gehackt

225 g/7 oz/1 kleine Dose geschnittene Bambussprossen in Wasser

75 g Champignons, in dünne Scheiben geschnitten

150 g Tofu, in kleine Würfel geschnitten

175 g/6 oz/1 kleine Dose Krabbenfleisch in Salzlake, nicht abgetropft

und Fleischflocken

15 ml/1 EL Speisestärke

15 ml/1 EL Wasser

30 ml/2 EL Malzessig

15 ml/1 EL Sojasauce

5 ml/1 TL Sesamöl

2,5 ml/½ TL Salz

1 großes Ei, geschlagen

Gießen Sie die Brühe in eine 2-Liter-/3½-Pt-/8½-Tassen-Schüssel. Fügen Sie den Inhalt der Dosen Wasserkastanien und Bambussprossen hinzu. Fügen Sie die Pilze und den Tofu sowie den Inhalt der Dose Krabbenfleisch hinzu. Aufsehen. Decken Sie die Schüssel mit Frischhaltefolie (Plastikfolie) ab und schlitzen Sie sie zweimal auf, damit der Dampf entweichen kann. 15 Minuten auf Vollgas garen.

Vorsichtig abdecken, um Dampfverbrennungen zu vermeiden, und zum Mischen gut umrühren. Maizena mit Wasser und Essig glatt rühren, dann die restlichen Zutaten unterrühren. Vorsichtig in die Suppe einrühren. Decken Sie es wie zuvor ab und garen Sie es 4 Minuten lang auf Vollgas. Umrühren und mit einem großen Teller oder Topfdeckel abdecken. 2 Minuten stehen lassen. Heiß in Porzellanschalen servieren.

Einfache orientalische Suppe

Für 3–4 Portionen

400 ml/16 fl oz/1 große Dose Mulligatawny-Suppe

400 ml/16 fl oz/1 große Dose Kokosmilch

Salz

Chilipulver

Gehackter Koriander (Koriander)

Popadoms, zu dienen

Gießen Sie die Suppe und die Kokosmilch in eine 1,75-Liter-Schüssel. Salz nach Geschmack hinzufügen. Ohne Deckel 7–8 Minuten auf Vollgas erhitzen und dabei zweimal umrühren. In warme Schalen füllen, mit Chilipulver und Koriander bestreuen und mit Papadams servieren.

Leberknödelsuppe

Serviert 4

50 g/2 oz/1 Tasse frische weiße Semmelbrösel

50 g/2 oz/½ Tasse Hühnerleber, gehackt (gemahlen)

15 ml/1 EL sehr fein gehackte Petersilie, plus etwas mehr zum

Garnieren

5 ml/1 TL geriebene Zwiebel

1,5 ml/¼ TL Majoran

1,5 ml/¼ TL Salz

Frisch gemahlener schwarzer Pfeffer

½ Ei, geschlagen

750 ml/1¼ pts/3 Tassen klare Rinder- oder Hühnerbrühe oder

verdünnte konzentrierte Consommé aus der Dose

Alle Zutaten, außer der Brühe oder Brühe, in eine Rührschüssel geben.
Gründlich mischen und zu 12 kleinen Knödeln formen. Brühe oder
Consommé in eine tiefe 1,5-Liter-Schüssel mit 6 Tassen gießen und
mit einem Teller abdecken. Auf Vollgas bis zum Sieden erhitzen, ca.
8–10 Minuten warten. Knödel dazugeben. Ohne Deckel 3–4 Minuten
kochen, bis die Knödel aufgegangen sind und auf der Suppe
schwimmen. In warme Schüsseln schöpfen, mit der zusätzlichen
Petersilie bestreuen und sofort servieren.

Karottencremesuppe

Serviert 6

30 ml/2 EL Speisestärke (Maisstärke)

550 g/1¼ lb/1 große Dose Karotten

450 ml/¾ pt/2 Tassen kalte Milch

7,5–10 ml/1½–2 TL Salz

300 ml/½ pt/1¼ Tassen heißes Wasser

60 ml/4 EL einfache (helle) Sahne

Geben Sie die Speisestärke in eine 3-Liter-Schüssel mit 5¼ pt/12 Tassen. Mit der Flüssigkeit aus der Karottendose glatt rühren. Die Karotten in einem Mixer oder einer Küchenmaschine zu einem Püree pürieren. Mit der Milch und dem Salz in die Schüssel geben. Ohne Deckel 12 Minuten lang auf Vollgas kochen, bis es eingedickt ist, dabei vier- oder fünfmal vorsichtig schlagen, um eine glatte Konsistenz zu gewährleisten. Mit dem heißen Wasser verdünnen. In vorgewärmte Schüsseln geben und 10 ml/2 TL Sahne in jede Portion schwenken.

Gekühlte Karotten-Lauch-Suppe

Serviert 6

1 großer Lauch, aufgeschlitzt und gründlich gewaschen

4 große Karotten, in dünne Scheiben geschnitten

3 kleine bis mittelgroße Kartoffeln, in kleine Würfel geschnitten

150 ml/¼ pt/2/3 Tasse heißes Wasser

600 ml/1 Pt/2½ Tassen Gemüsebrühe

300 ml/½ Pt/1¼ Tassen einzelne (leichte) Sahne

Salz und frisch gemahlener schwarzer Pfeffer

Gehackte Brunnenkresse

Lauch grob hacken. Das gesamte Gemüse mit dem heißen Wasser in eine 2-Liter-Schüssel geben. Mit Frischhaltefolie (Plastikfolie) abdecken und zweimal aufschlitzen, damit der Dampf entweichen kann. 15 Minuten auf Vollgas garen, bis das Gemüse weich ist. Mit der Flüssigkeit aus der Schüssel in einen Mixer oder eine Küchenmaschine geben und zu einem glatten Püree verarbeiten, gegebenenfalls etwas Brühe hinzufügen. In eine große Schüssel kratzen und die restliche Brühe einrühren. Abdecken und kalt stellen. Vor dem Servieren die Sahne vorsichtig unterrühren und abschmecken. In Suppentassen füllen und jeweils mit Kresse bestreuen.

Karotten und Koriander Suppe

Serviert 6

Zubereiten wie Karottencremesuppe, aber eine Handvoll frische Korianderblätter (Koriander) mit den Karotten in den Mixer oder die Küchenmaschine geben. Die Sahne kann optional hinzugefügt werden.

Karotte mit Orangensuppe

Serviert 6

Wie Möhrencremesuppe zubereiten, jedoch nach der halben Garzeit 10 ml/2 TL abgeriebene Orangenschale in die Suppe geben. Jede Portion mit Schlagsahne garnieren, der etwas Grand Marnier hinzugefügt wurde.

Salatcremesuppe

Serviert 6

75 g/3 oz/1/3 Tasse Butter oder Margarine

2 Zwiebeln, gerieben

225 g/8 oz runder weicher Salat, in Streifen geschnitten

600 ml/1 Pt/2½ Tassen Vollmilch

30 ml/2 EL Speisestärke (Maisstärke)

300 ml/½ Pt/1¼ Tassen heißes Wasser oder Gemüsebrühe

2,5 ml/½ TL Salz

Schmelzen Sie 50 g/2 oz/¼ Tasse Butter oder Margarine in einer 1,75-Liter-/3 pt/7½ Tasse-Schüssel und lassen Sie sie 2 Minuten lang auftauen. Zwiebeln und Salat untermischen. Mit einem Teller abdecken und 3½ Minuten auf Vollgas garen. Mit einem Drittel der Milch in einen Mixer geben. Zu einem glatten Püree verarbeiten. Kehre in die Schüssel zurück. Maizena mit 60 ml/ 4 EL der restlichen Milch glatt rühren. Mit der restlichen Milch, dem heißen Wasser oder der Brühe und dem Salz zur Suppe geben. Kochen Sie unbedeckt 15 Minuten lang auf Vollgas und schlagen Sie dabei häufig um, um eine glatte Konsistenz zu gewährleisten. In vorgewärmten Schalen mit jeweils 5 ml/1 TL Butter servieren.

Grüne Püreesuppe

Für 4–6 Portionen

1 großer runder Salat

125 g Brunnenkresse oder junger Spinat

1 Lauch, nur der weiße Teil, in Scheiben geschnitten

300 ml/½ pt/1¼ Tassen heißes Wasser

60 ml/4 EL Speisestärke (Maisstärke)

300 ml/½ Pt/1¼ Tassen kalte Milch

25 g/1 oz/2 EL Butter oder Margarine

Salz

Croûtons zum Servieren

Kopfsalat und Brunnenkresse oder Spinat gründlich waschen und zerkleinern. Mit Lauch und Wasser in eine 1,5-Liter-Schüssel geben. Mit Frischhaltefolie (Plastikfolie) abdecken und zweimal aufschlitzen, damit der Dampf entweichen kann. 10 Minuten auf voller Stufe garen, dabei die Schüssel zweimal wenden. 10 Minuten abkühlen lassen. In einen Mixer geben und zu einem glatten Püree verarbeiten. Kehre in die Schüssel zurück. Das Maismehl glatt mit der Milch verrühren. In die Schüssel mit Butter oder Margarine geben und mit Salz abschmecken. Ohne Deckel auf voller Stufe köcheln lassen, dabei dreimal 8–10 Minuten umrühren oder bis sie kochend heiß und leicht eingedickt ist. In vorgewärmte Suppentassen schöpfen und jeweils Croûtons hinzufügen.

Pastinaken-Petersilien-Suppe mit Wasabi

Serviert 6

Mit einem subtilen Schuss Meerrettich aus Wasabi ist dies eine faszinierend aromatisierte, sehr originelle Suppe mit nur einem Hauch Süße von den Pastinaken.

30 ml/2 EL Mais- oder Sonnenblumenöl

450 g Pastinaken, geschält und in Scheiben geschnitten

900 ml/1½ Pkt./3¾ Tassen wohlschmeckende heiße Gemüse- oder Hühnerbrühe

10 ml/2 TL japanisches Wasabi-Pulver

30 ml/2 EL gehackte Petersilie

150 ml/¼ pt/2/3 Tasse einfache (leichte) Sahne

Gießen Sie das Öl in eine 2-Liter-/3½-Pt-/8½-Tassen-Schüssel. Pastinaken hinzufügen. Mit Frischhaltefolie (Plastikfolie) abdecken und zweimal aufschlitzen, damit der Dampf entweichen kann. 7 Minuten auf Vollgas garen, dabei die Schüssel zweimal wenden. Brühe und Wasabipulver hinzugeben. Mit einem Teller abdecken und 6 Minuten auf Vollgas garen. Etwas abkühlen lassen, dann im Mixer fein pürieren. Kehre in die Schüssel zurück. Petersilie unterrühren. Decken Sie es wie zuvor ab und garen Sie es 5 Minuten lang auf Vollgas. Sahne unterrühren und servieren.

SÜßE KARTOFFELSUPPE

Serviert 6

Wie Pastinaken-Petersilien-Suppe mit Wasabi zubereiten, aber die Pastinaken durch gehackte, orangefleischige Süßkartoffeln ersetzen.

Gemüsecremesuppe

Für 4–6 Portionen

Eine sehr nützliche Suppe – verwenden Sie jede Kombination von Gemüse, die Sie mögen oder zur Verfügung haben.

450 g gemischtes frisches Gemüse

1 Zwiebel, gehackt

25 g/1 oz/2 EL Butter oder Margarine oder 30 ml/2 EL Sonnenblumenöl

175 ml/6 fl oz/¾ Tasse Wasser

450 ml/¾ pt/2 Tassen Milch oder Milch und Wasser gemischt

15 ml/1 EL Speisestärke (Maisstärke)

2,5 ml/½ TL Salz

Gehackte Petersilie

Das Gemüse je nach Sorte vorbereiten und in kleine Stücke schneiden. Mit Zwiebel, Butter, Margarine oder Öl und 30 ml/2 Esslöffel Wasser in eine 2-Liter-Schüssel geben. Mit einem Teller abdecken und 12–14 Minuten auf voller Stufe garen, bis sie weich sind, dabei viermal umrühren. In einem Mixer fein pürieren. Zurück in die Schüssel mit drei Viertel der Milch oder Milch und Wasser. Maizena mit der restlichen Flüssigkeit glatt rühren und mit dem Salz in die Schüssel geben. Kochen Sie ohne Deckel 6 Minuten lang auf Vollgas und rühren Sie dabei viermal um. In Suppentassen füllen und jeweils mit Petersilie bestreuen.

Grüne Erbsensuppe

Für 4–6 Portionen

Wie Gemüsecremesuppe zubereiten, aber gemischtes Gemüse und Zwiebel durch 450 g gefrorene Gartenerbsen ersetzen. Statt mit Petersilie leicht mit gehackter Minze garnieren.

Kürbissuppe

Für 4–6 Portionen

Wie Gemüsecremesuppe zubereiten, aber Gemüse und Zwiebel durch 450 g geschälte und gewürfelte Zucchini, Mark, Kürbis, Butternuss oder Turbankürbis ersetzen. Jede Portion mit geriebener Muskatnuss statt Petersilie bestreuen.

Pilzcremesuppe

Für 4–6 Portionen

Zubereiten wie Gemüsecremesuppe, aber gemischtes Gemüse und Zwiebel durch Pilze ersetzen.

Kürbiscremesuppe

6–8 Portionen

Meistens für Halloween, aber die Suppe ist herrlich gekühlt, also frieren Sie alle Reste ein oder machen Sie eine zusätzliche Portion, während Kürbisse Saison haben, und bewahren Sie sie bis zum Beginn des Sommers auf.

1,75 kg/4 lb frischer Kürbis, entweder am Stück oder im Ganzen
2 Zwiebeln, grob gehackt
15–20 ml/3–4 TL Salz
600 ml/1 Pt/2½ Tassen Vollmilch
15 ml/1 EL Speisestärke (Maisstärke)
30 ml/2 EL kaltes Wasser
2,5 ml/½ TL geriebene Muskatnuss
Croûtons zum Servieren (optional)

Kürbis wie Melone in Spalten schneiden. Entfernen Sie die Samen und waschen und trocknen Sie sie. In einer Schicht auf einem Teller anrichten. Toast leicht, unbedeckt, auf Voll für 4 Minuten. Abkühlen lassen, dann die Schalen aufbrechen und die Kerne im Inneren entfernen. Reservieren. Den Kürbis schälen und das Fruchtfleisch in ziemlich große Würfel schneiden. Mit den Zwiebeln in eine große

Schüssel geben und gut vermischen. Dicht mit Frischhaltefolie
(Plastikfolie) abdecken, aber nicht einschneiden. 30 Minuten auf voller
Stufe garen, dabei die Schüssel viermal drehen. Aus dem Ofen nehmen
und 10 Minuten stehen lassen. Kürbis, Zwiebeln und Kochflüssigkeit
in mehreren Portionen im Mixer oder in der Küchenmaschine pürieren.
Kehre in die Schüssel zurück. Salz und Milch unterrühren. Maizena
mit dem Wasser glatt rühren und mit der Muskatnuss zum Püree
geben. Ohne Deckel 7 Minuten lang auf Vollgas erhitzen und dabei
jede Minute umrühren.

Cock-a-Leekie-Suppe

6–8 Portionen

4 Portionen Hähnchen

4 Lauch, grob zerkleinert

1,25 Liter/2¼ Pkt./5½ Tassen heißes Wasser

10 ml/2 TL Salz

1 Tütchen Bouquet garni

50 g/2 oz/¼ Tasse einfach zu kochender Langkornreis

12 entsteinte (entsteinte) Pflaumen

Das Hähnchen waschen und in eine tiefe Kasserolle mit 20 cm
Durchmesser (Dutch Oven) geben. Fügen Sie den Lauch hinzu. Mit
Frischhaltefolie (Plastikfolie) abdecken und zweimal aufschlitzen,
damit der Dampf entweichen kann. 12 Minuten auf Vollgas garen. Das
Hähnchen aus der Form heben, das Fleisch von den Knochen lösen

und in mundgerechte Stücke schneiden. Reservieren. Gießen Sie das Wasser in eine zweite, große Schüssel. Salz und Bouquet garni mit Reis, Lauch und der Flüssigkeit aus der Auflaufform zugeben. Mit einem Teller abdecken und 18 Minuten auf Vollgas garen. Rühren Sie das Huhn und die Pflaumen ein. Zudecken wie zuvor und weitere 3 Minuten garen. Sehr heiß essen.

Scotchsuppe

Serviert 6

30 ml/2 EL Graupen
225 g Lammhalsfilet, in mundgerechte Würfel geschnitten
1,2 Liter/2 Pkt./5 Tassen heißes Wasser
1 große Zwiebel, gehackt
1 Karotte, in kleine Würfel geschnitten
1 kleine Rübe, in kleine Würfel geschnitten
1 kleiner Lauch, zerkleinert
Salz und frisch gemahlener schwarzer Pfeffer
Gehackte Petersilie

Die Gerste 4 Stunden in 75 ml/ 5 EL kaltem Wasser einweichen. Abfluss. Legen Sie das Lamm in eine 2,25 Liter/4 pt/10 Tassen Schüssel. Fügen Sie das heiße Wasser und die Gerste hinzu. Mit einem Teller abdecken und 4 Minuten auf Vollgas garen. Überfliegen. Das vorbereitete Gemüse sowie Salz und Pfeffer abschmecken. Zugedeckt wie zuvor 25–30 Minuten auf Vollgas garen, bis die Gerste weich ist.

5 Minuten stehen lassen. In vorgewärmte Suppentassen schöpfen und jeweils dick mit Petersilie bestreuen.

Israelische Hühner- und Avocadosuppe

Für 4–5 Personen

900 ml/1½ Pkt./3¾ Tassen wohlschmeckende Hühnerbrühe
1 große reife Avocado, geschält und entkernt
30 ml/2 EL frischer Zitronensaft

Gießen Sie die Hühnerbrühe in eine 1,5-Liter-/2½-Pt-/6-Tassen-Schüssel. Mit einem Teller abdecken und 9 Minuten auf Vollgas erhitzen. Das Avocadofleisch mit dem Zitronensaft zu einem groben Püree pürieren. In die heiße Brühe einrühren. Decken Sie es wie zuvor ab und erhitzen Sie es 1 Minute lang auf Vollgas. Heiß servieren.

Avocadosuppe mit roter Bete

Für 4–5 Personen

Bereiten Sie die Zubereitung wie bei der israelischen Hühner-Avocado-Suppe vor und garnieren Sie jede Portion mit 7,5 ml/1½ TL geriebener gekochter Rote Beete (Rote Beete).

Bortsch

Serviert 6

450 g rohe Rote Bete (Rote Beete)

75 ml/5 EL Wasser

1 große Karotte, geschält und gerieben

1 kleine Rübe, geschält und geraspelt

1 Zwiebel, geschält und gerieben

750 ml/1¼ Pkt./3 Tassen heiße Rinder- oder Gemüsebrühe

125 g Weißkohl, geraspelt

15 ml/1 EL Zitronensaft

5 ml/1 TL Salz

Frisch gemahlener schwarzer Pfeffer

90 ml/6 EL Sauerrahm

Rote Bete gründlich waschen, aber ungeschält lassen. In eine flache Schüssel mit einem Durchmesser von 20 cm/ 8 Zoll in einer einzigen Schicht mit dem Wasser geben. Mit Frischhaltefolie (Plastikfolie) abdecken und zweimal aufschlitzen, damit der Dampf entweichen kann. 15 Minuten auf Vollgas garen. Karotte, Rüben und Zwiebel in eine 2-Liter-Schüssel geben. Rote Beete abtropfen lassen, schälen und in Scheiben schneiden. Mit 150 ml/¼ Pt/2/3 Tasse Brühe in die Gemüseschüssel geben. Wie zuvor abdecken und 10 Minuten auf Vollgas garen. Restliche Brühe und alle restlichen Zutaten außer Sauerrahm unterrühren, abschmecken. Mit einem Teller abdecken und 10 Minuten auf Vollgas garen, dabei viermal umrühren. In vorgewärmte Suppentassen schöpfen und mit je 15 ml/1 EL Sauerrahm garnieren.

Kalter Bortsch

Serviert 6

Wie Bortsch zubereiten und abkühlen lassen. Kalt abseihen. Fügen Sie 150 ml/ ¼ pt/2/3 Tasse kaltes Wasser und 1 große gekochte Rote Bete, grob zerkleinert, hinzu. 15 Minuten stehen lassen. Nochmals abseihen. Mit zusätzlichem Zitronensaft nach Geschmack schärfen. Vor dem Servieren mehrere Stunden kalt stellen.

Cremiger kalter Bortsch

Serviert 6

Wie kalten Bortsch zubereiten. Nach dem zweiten Abseihen in einem Mixer oder einer Küchenmaschine mit 250 ml/ 8 fl oz/1 Tasse halbfetter Crème Fraîche pürieren. Ausruhen.

Orangen-Linsen-Suppe

Für 4–5 Personen

125 g/4 oz/½ Tasse orangefarbene Linsen

1 große Zwiebel, gerieben

1 große Karotte, gerieben

½ kleine Rübe, gerieben

1 Kartoffel, gerieben

20 ml/4 TL Butter oder Margarine

5 ml/1 TL Mais- oder Sonnenblumenöl

30 ml/2 EL gehackte Petersilie, plus extra zum Garnieren

900 ml/1½ Pkt./3¾ Tassen heiße Hühner- oder Gemüsebrühe

Linsen waschen und abtropfen lassen. Gemüse, Butter oder Margarine und Öl in eine 2-Liter-Schüssel geben. Fügen Sie die Petersilie hinzu. Ohne Deckel 5 Minuten auf Vollgas garen, dabei dreimal umrühren. Linsen und ein Drittel der heißen Brühe unterrühren. Nach Geschmack würzen. Mit Frischhaltefolie (Plastikfolie) abdecken und zweimal aufschlitzen, damit der Dampf entweichen kann. 10 Minuten auf Vollgas kochen, bis die Linsen weich sind. (Wenn nicht, weitere 5–6 Minuten kochen.) In einen Mixer oder eine Küchenmaschine geben und zu einem groben Püree verarbeiten. Zurück in die Schüssel mit der restlichen Brühe. Mit einem Teller abdecken und 6 Minuten lang auf Vollgas erhitzen, dabei dreimal umrühren. Sofort servieren und jede Portion mit extra Petersilie bestreuen.

Orangen-Linsen-Suppe mit Käse und gerösteten Cashewnüssen

Für 4–5 Personen

Zubereitung wie Orangen-Linsen-Suppe, jedoch nach dem letzten Aufwärmen 60 ml/4 EL geriebenen Edamer und 60 ml/4 EL grob gehackte geröstete Cashewnüsse unterrühren.

Linsensuppe mit Tomatengarnitur

Für 4–5 Personen

Wie Orangen-Linsen-Suppe zubereiten, aber anstatt mit Petersilie zu bestreuen, jede Portion mit 5 ml/1 TL sonnengetrockneter Tomatenpaste bestreuen und dann in einer Scheibe frischer Tomate schwimmen lassen.

Gelbe Erbsensuppe

6–8 Portionen

Eine schwedische Version der Erbsensuppe, die in Schweden jeden Donnerstag gegessen wird. Darauf folgen üblicherweise Pfannkuchen und Marmelade.

350 g/12 oz/1½ Tassen gelbe Erbsen, gewaschen

900 ml/1½ Pkt./3¾ Tassen kaltes Wasser

5 ml/1 TL Majoran

1 Schinkenknochen, ca. 450–500 g

750 ml/1¼ pts/3 Tassen heißes Wasser

5–10 ml/1–2 TL Salz

Die Spalterbsen in eine Rührschüssel geben. Fügen Sie das kalte Wasser hinzu. Mit einem Teller abdecken und 6 Minuten auf Vollgas garen. 3 Stunden stehen lassen. Geben Sie die Erbsen und das Einweichwasser in eine 2,5-Liter-Schüssel mit 4½ Pkt./11 Tassen. Den Majoran einrühren und den Schinkenknochen hinzufügen. Mit Frischhaltefolie (Plastikfolie) abdecken und zweimal aufschlitzen, damit der Dampf entweichen kann. 30 Minuten auf Vollgas garen. Die Hälfte des heißen Wassers einrühren. Wie zuvor abdecken und weitere 15 Minuten auf Vollgas garen. Entfernen Sie den Knochen. Das Fleisch vom Knochen lösen und in kleine Stücke schneiden. Mit dem restlichen heißen Wasser zur Suppe zurückkehren. Mit dem Salz abschmecken. Gut umrühren. Mit einem Teller abdecken und 3 Minuten auf Vollgas erhitzen. Die Suppe kann nach Belieben mit zusätzlichem kochendem Wasser verdünnt werden.

Französische Zwiebelsuppe

Serviert 6

30 ml/2 EL Butter, Margarine oder Sonnenblumenöl

4 Zwiebeln, in dünne Scheiben geschnitten und in Ringe getrennt

20 ml/4 TL Speisestärke (Maisstärke)

900 ml/1½ Pkt./3¾ Tassen heiße Rinderbrühe oder Brühe

Salz und frisch gemahlener schwarzer Pfeffer

6 Scheiben Baguettebrot, schräg geschnitten
90 ml/6 EL geriebener Greyerzer (Schweizer) oder Jarlsberg-Käse
Paprika

Geben Sie die Butter, Margarine oder das Öl in eine 2-Liter-Schüssel. Ohne Deckel 2 Minuten lang auf Vollgas erhitzen. Rühren Sie die Zwiebelringe in die Schüssel. Ohne Deckel 5 Minuten auf Vollgas garen. Maizena unterrühren. Die Hälfte der heißen Brühe nach und nach einrühren. Decken Sie die Form mit Frischhaltefolie (Plastikfolie) ab und schlitzen Sie sie zweimal auf, damit der Dampf entweichen kann. 30 Minuten auf voller Stufe garen, dabei die Schüssel viermal wenden. Restliche Brühe unterrühren und abschmecken. Gut umrühren. Die Suppe in sechs Schüsseln schöpfen und jeweils eine Scheibe Brot hinzufügen. Mit Käse und Paprika bestreuen. Stellen Sie jede Schüssel einzeln in die Mikrowelle und erhitzen Sie sie 1½ Minuten lang auf Vollgas, bis der Käse geschmolzen ist und Blasen wirft. Gleich essen.

Minestrone

Für 8–10 Personen

350 g/12 oz Zucchini (Zucchini), in dünne Scheiben geschnitten
225 g Karotten, in dünne Scheiben geschnitten

225 g Zwiebeln, grob gehackt

125 g Weißkohl, geraspelt

125 g Grünkohl, geraspelt

3 Selleriestangen, in dünne Scheiben geschnitten

3 Kartoffeln, gewürfelt

125 g/4 oz/1 Tasse frische oder gefrorene Erbsen

125 g/4 oz frische oder gefrorene geschnittene grüne Bohnen

400 g/14 oz/1 große Dose Tomaten

30 ml/2 EL Tomatenpüree (Paste)

50 g/2 oz Makkaroni, in kurze Stücke gebrochen

1 Liter/1¾ Pkt./4¼ Tasse heißes Wasser

15–20 ml/3–4 TL Salz

100 g/3½ oz/1 Tasse geriebener Parmesankäse

Geben Sie das gesamte vorbereitete Gemüse in eine 3,5-Liter-/6-Pt-/15-Tassen-Schüssel. Rühren Sie die restlichen Zutaten außer dem Wasser und dem Salz ein und brechen Sie die Tomaten mit der Rückseite eines Holzlöffels gegen den Rand der Schüssel. Mit einem großen Teller abdecken und 15 Minuten lang auf voller Stufe garen, dabei dreimal umrühren. Etwa drei Viertel des heißen Wassers einrühren. Decken Sie es wie zuvor ab und kochen Sie es 25 Minuten lang auf voller Stufe, wobei Sie es vier- oder fünfmal umrühren. Aus der Mikrowelle nehmen. Rühren Sie das restliche Wasser und das Salz nach Geschmack ein. Wenn die Suppe zu dick erscheint, mit extra kochendem Wasser verdünnen. In tiefe Schüsseln schöpfen und mit dem separat gereichten Parmesan servieren.

Minestrone Genovese

Für 8–10 Personen

Zubereitung wie Minestrone, jedoch vor dem Servieren 30 ml/2 EL fertig zubereitetes grünes Pesto unterrühren.

Italienische Kartoffelsuppe

Für 4–5 Personen

1 große Zwiebel, gehackt

30 ml/2 EL Oliven- oder Sonnenblumenöl

4 große Kartoffeln

1 kleiner gekochter Schinkenknochen

1,25 Liter/2¼ Pkt./5½ Tassen heiße Hühnerbrühe

Salz und frisch gemahlener schwarzer Pfeffer

60 ml/4 EL einfache (helle) Sahne

Geriebene Muskatnuss

30 ml/2 EL gehackte Petersilie

Geben Sie die Zwiebel und das Öl in eine 2,25-Liter-/4-Pt-/10-Tassen-Schüssel. Ohne Deckel 5 Minuten auftauen und zweimal umrühren. In der Zwischenzeit die Kartoffeln schälen und raspeln. Rühren Sie sich in die Zwiebeln und fügen Sie den Schinkenknochen, heiße Brühe und Salz und Pfeffer hinzu, um zu schmecken. Mit einem Teller abdecken und 15–20 Minuten auf Vollgas garen, dabei zweimal umrühren, bis die Kartoffeln weich sind. Sahne unterrühren, in Suppentassen füllen und mit Muskatnuss und der Petersilie bestreuen.

Frische Tomaten-Sellerie-Suppe

6–8 Portionen

900 g reife Tomaten, blanchiert, gehäutet und geviertelt

50 g/2 oz/¼ Tasse Butter oder Margarine oder 30 ml/2 EL Olivenöl

2 Selleriestangen, fein gehackt

1 große Zwiebel, fein gehackt

30 ml/2 EL dunkler weicher brauner Zucker

5 ml/1 TL Sojasauce

2,5 ml/½ TL Salz

300 ml/½ pt/1¼ Tassen heißes Wasser

30 ml/2 EL Speisestärke (Maisstärke)

150 ml/¼ pt/2/3 Tasse kaltes Wasser

Mittlerer Sherry

Die Tomaten in einem Mixer oder einer Küchenmaschine pürieren. Butter, Margarine oder Öl in eine 1,75-Liter-Schüssel geben. 1 Minute auf Vollgas erhitzen. Sellerie und Zwiebel untermischen. Mit einem Teller abdecken und 3 Minuten auf Vollgas garen. Fügen Sie die passierten Tomaten, Zucker, Sojasauce, Salz und heißes Wasser hinzu. Decken Sie es wie zuvor ab und kochen Sie es 8 Minuten lang auf voller Stufe, wobei Sie es viermal umrühren. In der Zwischenzeit die Speisestärke glatt mit dem kalten Wasser verrühren. In die Suppe rühren. Kochen Sie ohne Deckel 8 Minuten lang auf Vollgas und rühren Sie viermal um. In Suppentassen schöpfen und jeweils einen Schuss Sherry hinzugeben.

Tomatensuppe mit Avocado-Dressing

Serviert 8

2 reife Avocados

Saft von 1 kleinen Limette

1 Knoblauchzehe, zerdrückt

30 ml/2 EL Senfmayonnaise

45 ml/3 EL Crème fraîche

5 ml/1 TL Salz

Eine Prise Kurkuma

600 ml/20 fl oz/2 Dosen kondensierte Tomatensuppe

600 ml/1 Pt/2½ Tassen warmes Wasser

2 Tomaten, blanchiert, gehäutet, entkernt und geviertelt

Avocados schälen und halbieren, Kerne entfernen. Das Fruchtfleisch fein pürieren, dann mit Limettensaft, Knoblauch, Mayonnaise, Crème fraîche, Salz und Kurkuma mischen. Abdecken und bis zum Bedarf kalt stellen. Gießen Sie beide Suppendosen in eine 1,75-Liter-Schüssel. Das Wasser vorsichtig einrühren. Tomatenfleisch in Streifen schneiden und zu zwei Dritteln in die Suppe geben. Decken Sie die Schüssel mit einem Teller ab und kochen Sie sie 9 Minuten lang auf Vollgas, bis sie sehr heiß ist, und rühren Sie sie vier- oder fünfmal um. In Suppentassen schöpfen und jeweils eine Kugel Avocado-Dressing hinzufügen. Mit den restlichen Tomatenstreifen garnieren.

Gekühlte Käse- und Zwiebelsuppe

6–8 Portionen

25 g/1 oz/2 EL Butter oder Margarine

2 Zwiebeln, gehackt

2 Selleriestangen, fein gehackt

30 ml/2 EL einfaches (Allzweck-)Mehl

900 ml/1½ Pkt./3¾ Tassen warme Hühner- oder Gemüsebrühe

45 ml/3 EL trockener Weißwein oder weißer Portwein

Salz und frisch gemahlener schwarzer Pfeffer

125 g/4 oz/1 Tasse Blauschimmelkäse, zerkrümelt

125 g/4 oz/1 Tasse Cheddar-Käse, gerieben

150 ml/¼ pt/2/3 Tasse Schlagsahne

Fein gehackter Salbei zum Garnieren

Geben Sie die Butter oder Margarine in eine 2,25-Liter-Schüssel. Unbedeckt schmelzen, auftauen für 1½ Minuten. Zwiebeln und Sellerie untermischen. Mit einem Teller abdecken und 8 Minuten auf Vollgas garen. Aus der Mikrowelle nehmen. Das Mehl einrühren, dann nach und nach die Brühe und den Wein oder Portwein untermischen. Wie zuvor zudecken und 10–12 Minuten auf Vollgas kochen, dabei alle 2–3 Minuten umrühren, bis die Suppe glatt, eingedickt und heiß ist. Nach Geschmack würzen. Fügen Sie den Käse hinzu und rühren Sie, bis er geschmolzen ist. Zudecken und abkühlen lassen, dann mehrere Stunden oder über Nacht kalt stellen. Vor dem Servieren

umrühren und die Sahne vorsichtig einrühren. In Tassen oder
Schüsseln schöpfen und jeweils leicht mit Salbei bestreuen.

Schweizer Käsesuppe

6–8 Portionen

25 g/1 oz/2 EL Butter oder Margarine

2 Zwiebeln, gehackt

2 Selleriestangen, fein gehackt

30 ml/2 EL einfaches (Allzweck-)Mehl

900 ml/1½ Pkt./3¾ Tassen warme Hühner- oder Gemüsebrühe

45 ml/3 EL trockener Weißwein oder weißer Portwein

5 ml/1 TL Kümmel

1 Knoblauchzehe, zerdrückt

Salz und frisch gemahlener schwarzer Pfeffer

225 g/8 oz/2 Tassen Emmentaler oder Greyerzer (Schweizer) Käse,

gerieben

150 ml/¼ pt/2/3 Tasse Schlagsahne

Croutons

Geben Sie die Butter oder Margarine in eine 2,25-Liter-Schüssel.
Unbedeckt schmelzen, auftauen für 1½ Minuten. Zwiebeln und
Sellerie untermischen. Mit einem Teller abdecken und 8 Minuten auf
Vollgas garen. Aus der Mikrowelle nehmen. Das Mehl einrühren, dann
nach und nach die Brühe und den Wein oder Portwein untermischen.
Kümmel und Knoblauch unterrühren. Wie zuvor zudecken und 10–12

Minuten auf Vollgas kochen, dabei alle 2–3 Minuten umrühren, bis die Suppe heiß, glatt und eingedickt ist. Nach Geschmack würzen. Fügen Sie den Käse hinzu und rühren Sie, bis er geschmolzen ist. Sahne untermischen. In Tassen oder Schüsseln schöpfen und heiß servieren, mit Croûtons garnieren.

Avgolemono-Suppe

Serviert 6

1,25 Liter/2¼ Pkt./5½ Tassen heiße Hühnerbrühe

60 ml/4 EL Risottoreis

Saft von 2 Zitronen

2 große Eier

Salz und frisch gemahlener schwarzer Pfeffer

Gießen Sie die Brühe in eine tiefe 1,75-Liter-Schüssel. Den Reis unterrühren. Mit einem Teller abdecken und 20–25 Minuten auf Vollgas garen, bis der Reis weich ist. Zitronensaft und Eier in einer Suppenterrine oder einem anderen großen Servierteller gründlich verquirlen. Brühe und Reis vorsichtig unterrühren. Vor dem Servieren nach Geschmack würzen.

Gurkencremesuppe mit Pastis

6–8 Portionen

900 g Gurke, geschält

45 ml/3 EL Butter oder Margarine

30 ml/2 EL Speisestärke (Maisstärke)

600 ml/1 Pt/2½ Tassen Hühner- oder Gemüsebrühe

300 ml/½ Pt/1¼ Tassen Schlagsahne

7,5–10 ml/1½–2 TL Salz

10 ml/2 TL Pernod oder Ricard (Pastis)

Frisch gemahlener schwarzer Pfeffer

Gehackter Dill (Dillkraut)

Die Gurke mit einer Reibe oder der Schneidscheibe einer Küchenmaschine in sehr dünne Scheiben schneiden. In eine Schüssel geben, abdecken und 30 Minuten stehen lassen, damit ein Teil der Feuchtigkeit entweichen kann. In einem sauberen Geschirrtuch (Geschirrtuch) so trocken wie möglich auswringen. Geben Sie die

Butter oder Margarine in eine 2,25-Liter-Schüssel. Unbedeckt schmelzen, auftauen für 1½ Minuten. Gurke untermischen. Mit einem Teller abdecken und 5 Minuten auf Vollgas garen, dabei dreimal umrühren. Speisestärke glatt mit etwas Brühe verrühren, dann die restliche Brühe hinzugeben. Nach und nach unter die Gurke rühren. Ohne Deckel etwa 8 Minuten auf Vollgas kochen, dabei drei- oder viermal umrühren, bis die Suppe heiß, glatt und eingedickt ist. Sahne, Salz und Pastis zugeben und gut verrühren. Unbedeckt auf Vollgas für 1–1½ Minuten erhitzen. Mit Pfeffer abschmecken.

Currysuppe mit Reis

Serviert 6

Eine angenehm milde anglo-indische Hühnersuppe.

30 ml/2 EL Erdnuss- oder Sonnenblumenöl

1 große Zwiebel, gehackt

3 Selleriestangen, fein gehackt

15 ml/1 EL mildes Currypulver

30 ml/2 EL halbtrockener Sherry

1 Liter/1¾ Pkt./4¼ Tassen Hühner- oder Gemüsebrühe

125 g Langkornreis

5 ml/1 TL Salz

15 ml/1 EL Sojasauce

175 g/6 oz/1½ Tassen gekochtes Hähnchen, in Streifen geschnitten

Dicker Naturjoghurt oder Crème fraîche zum Servieren

Gießen Sie das Öl in eine 2,25-Liter-/4-Pt-/10-Tassen-Schüssel. Ohne Deckel 1 Minute lang auf Vollgas erhitzen. Zwiebeln und Sellerie dazugeben. Ohne Deckel 5 Minuten auf voller Stufe garen, dabei einmal umrühren. Currypulver, Sherry, Brühe, Reis, Salz und Sojasauce untermischen. Mit einem Teller abdecken und 10 Minuten auf Vollgas garen, dabei zweimal umrühren. Fügen Sie das Huhn hinzu. Decken Sie es wie zuvor ab und kochen Sie es 6 Minuten lang auf Vollgas. In Schälchen füllen und jeweils mit einem Strudel Joghurt oder Crème fraîche garnieren.

Vichyssoise

Serviert 6

Eine gehobene und gekühlte Version der Lauch-Kartoffel-Suppe, erfunden vom amerikanischen Koch Louis Diat Anfang des 20. Jahrhunderts.

2 Lauch

350 g Kartoffeln, geschält und in Scheiben geschnitten

25 g/1 oz/2 EL Butter oder Margarine

30 ml/2 EL Wasser

450 ml/¾ pt/2 Tassen Milch

15 ml/1 EL Speisestärke (Maisstärke)

150 ml/¼ pt/2/3 Tasse kaltes Wasser

2,5 ml/½ TL Salz

150 ml/¼ pt/2/3 Tasse einfache (leichte) Sahne

Porree putzen, das meiste Grün wegschneiden. Den Rest aufschneiden und gründlich waschen. Dick aufschneiden. Mit Kartoffeln, Butter oder Margarine und Wasser in eine 2-Liter-Schüssel geben. Mit einem Teller abdecken und 12 Minuten auf Vollgas garen, dabei viermal umrühren. In einen Mixer geben, die Milch dazugeben und zu einem Püree verarbeiten. Kehre zum Gericht zurück. Maizena mit dem Wasser glatt rühren und in die Schüssel geben. Mit dem Salz abschmecken. Ohne Deckel 6 Minuten lang auf Vollgas kochen, dabei jede Minute schlagen. Abkühlen lassen. Sahne einrühren. Gut abdecken und kalt stellen. In Schälchen füllen und jede Portion mit Schnittlauch bestreuen.

Gekühlte Gurkensuppe mit Joghurt

6–8 Portionen

25 g/1 oz/2 EL Butter oder Margarine

1 große Knoblauchzehe

1 Gurke, geschält und grob gerieben

600 ml/1 Pt/2½ Tassen Naturjoghurt

300 ml/½ Pt/1¼ Tassen Milch

150 ml/¼ pt/2/3 Tasse kaltes Wasser

2,5–10 ml/½–2 TL Salz

Gehackte Minze zum Garnieren

Butter oder Margarine in eine 1,75-Liter-Schüssel geben. Ohne Deckel 1 Minute lang auf Vollgas erhitzen. Den Knoblauch zerdrücken und die Gurke hinzufügen. Kochen Sie ohne Deckel 4 Minuten lang auf Vollgas und rühren Sie zweimal um. Aus der Mikrowelle nehmen. Alle restlichen Zutaten unterrühren. Abdecken und mehrere Stunden kalt stellen. In Schälchen schöpfen und jede Portion mit Minze bestreuen.

Gekühlte Spinatsuppe mit Joghurt

6–8 Portionen

25 g/1 oz/2 EL Butter oder Margarine

1 große Knoblauchzehe

450 g junge Spinatblätter, zerkleinert

600 ml/1 Pt/2½ Tassen Naturjoghurt

300 ml/½ Pt/1¼ Tassen Milch

150 ml/¼ pt/2/3 Tasse kaltes Wasser

2,5–10 ml/½–2 TL Salz

Saft von 1 Zitrone

Zum Garnieren geriebene Muskatnuss oder gemahlene Walnüsse

Butter oder Margarine in eine 1,75-Liter-Schüssel geben. Ohne Deckel 1 Minute lang auf Vollgas erhitzen. Den Knoblauch zerdrücken und den Spinat hinzufügen. Kochen Sie ohne Deckel 4 Minuten lang auf Vollgas und rühren Sie zweimal um. Aus der Mikrowelle nehmen. In einem Mixer oder einer Küchenmaschine zu einem groben Püree pürieren. Alle restlichen Zutaten unterrühren. Abdecken und mehrere Stunden kalt stellen. In Schälchen schöpfen und jede Portion mit Muskatnuss oder gemahlenen Walnüssen bestäuben.

Gekühlte Tomatensuppe mit Sherry

Für 4–5 Personen

300 ml/½ pt/1¼ Tassen Wasser

300 ml/10 fl oz/1 Dose kondensierte Tomatensuppe

30 ml/2 EL trockener Sherry

150 ml/¼ pt/2/3 Tasse doppelte (schwere) Sahne

5 ml/1 TL Worcestersauce

Geschnittener Schnittlauch zum Garnieren

Gießen Sie das Wasser in eine 1,25-Liter-Schüssel und erhitzen Sie es ohne Deckel 4–5 Minuten lang auf Vollgas, bis es gerade anfängt zu sprudeln. Tomatensuppe unterrühren. Wenn alles glatt ist, die restlichen Zutaten gründlich einrühren. Zugedeckt 4–5 Stunden kalt stellen. Rund umrühren, in Glasschalen füllen und jeweils mit Schnittlauch bestreuen.

Neuengland-Fischsuppe

6–8 Portionen

Muschelsuppe, die in Nordamerika immer zum Sonntagsbrunch serviert wird, ist der ultimative Klassiker, aber da Muscheln nicht so leicht zu bekommen sind, wurde sie durch Weißfisch ersetzt.

5 durchwachsene Speckscheiben (Scheiben), grob gehackt
1 große Zwiebel, geschält und gerieben
15 ml/1 EL Speisestärke (Maisstärke)
30 ml/2 EL kaltes Wasser

450 g/1 lb Kartoffeln, in 1 cm/½ in Würfel geschnitten

900 ml/1½ Pkt./3¾ Tassen heiße Vollmilch

450 g feste Weißfischfilets, enthäutet und in mundgerechte Stücke geschnitten

2,5 ml/½ TL gemahlene Muskatnuss

Salz und frisch gemahlener schwarzer Pfeffer

Legen Sie den Speck in eine 2,5-Liter-/4½-Pt-/11-Tassen-Schüssel. Fügen Sie die Zwiebel hinzu und kochen Sie sie unbedeckt 5 Minuten lang auf Vollgas. Maizena mit dem Wasser glatt rühren und in die Schüssel rühren. Die Kartoffeln und die Hälfte der heißen Milch untermischen. Kochen Sie ohne Deckel 6 Minuten lang auf Vollgas und rühren Sie dreimal um. Restliche Milch einrühren und ohne Deckel 2 Minuten auf Full garen. Den Fisch mit der Muskatnuss dazugeben und abschmecken. Mit einem Teller abdecken und 2 Minuten auf Vollgas garen, bis der Fisch zart ist. (Keine Sorge, wenn der Fisch zu flocken beginnt.) In tiefe Schüsseln schöpfen und sofort essen.

Krabbensuppe

Serviert 4

25 g/1 oz/2 EL ungesalzene (süße) Butter

20 ml/4 TL einfaches (Allzweck-)Mehl

300 ml/½ Pt/1¼ Tassen erwärmte Vollmilch

300 ml/½ pt/1¼ Tassen Wasser

2,5 ml/½ TL Senf aus englischer Herstellung

Ein Schuss scharfe Paprikasauce

25 g/1 oz/¼ Tasse Cheddar-Käse, gerieben

175 g/6 oz helles und dunkles Krabbenfleisch

Salz und frisch gemahlener schwarzer Pfeffer

45 ml/3 EL trockener Sherry

Die Butter in eine 1,75-Liter-Schüssel geben. Auftauen für 1–1½ Minuten schmelzen. Mehl einrühren. Ohne Deckel 30 Sekunden lang auf Vollgas garen. Milch und Wasser nach und nach unterrühren. Ohne Deckel 5–6 Minuten auf Vollgas garen, bis es glatt und eingedickt ist, dabei jede Minute schlagen. Alle restlichen Zutaten unterrühren. Ohne Deckel 1½–2 Minuten bei voller Hitze kochen, dabei zweimal umrühren, bis es heiß ist.

Krabben- und Zitronensuppe

Serviert 4

Wie Krabbensuppe zubereiten, jedoch 5 ml/1 TL fein geriebene Zitronenschale mit den restlichen Zutaten zugeben. Jede Portion mit etwas geriebener Muskatnuss bestäuben.

Hummercremesuppe

Serviert 4

Wie Krabbensuppe zubereiten, aber die Milch durch Sahne und das Krabbenfleisch durch gehacktes Hummerfleisch ersetzen.

Getrocknete Päckchensuppe

Den Packungsinhalt in eine 1,25-Liter-Schüssel kippen. Rühren Sie nach und nach die empfohlene Menge kaltes Wasser ein. Abdecken und 20 Minuten stehen lassen, um das Gemüse weicher zu machen. Aufsehen. Mit einem Teller abdecken und 6–8 Minuten auf Vollgas kochen, dabei zweimal umrühren, bis die Suppe aufkocht und eindickt. 3 Minuten stehen lassen. Rund umrühren und servieren.

Kondenssuppe aus der Dose

Geben Sie die Suppe in einen 1,25 Liter/2¼ Pt/5½ Tasse Messbecher. 1 Dose kochendes Wasser hinzugeben und gründlich verquirlen. Mit einem Teller oder einer Untertasse abdecken und 6–7 Minuten auf Vollgas erhitzen, dabei zweimal umrühren, bis die Suppe gerade kocht. In Schälchen füllen und servieren.

Suppen aufwärmen

Erhitzen Sie für erfolgreiche Ergebnisse klare oder dünne Suppen auf Voll und cremige Suppen und Brühen auf Auftauen.

Wärmende Eier zum Kochen

Von unschätzbarem Wert, wenn Sie sich in letzter Minute zum Backen entscheiden und Eier mit Raumtemperatur benötigen.

Für 1 Ei: Schlagen Sie das Ei in eine kleine Schüssel oder Tasse. Das Eigelb zweimal mit einem Spieß oder der Spitze eines Messers einstechen, um zu verhindern, dass die Haut aufplatzt und das Eigelb explodiert. Decken Sie die Schüssel oder Tasse mit einer Untertasse ab. Auftauen für 30 Sekunden erwärmen.

Für 2 Eier:wie 1 Ei, jedoch 30–45 Sekunden erwärmen.

Für 3 Eier:wie 1 Ei, jedoch 1–1¼ Minuten erwärmen.

Pochierte Eier

Diese werden am besten einzeln in eigenen Gerichten gekocht.

Für 1 Ei:90 ml/6 EL heißes Wasser in eine flache Schüssel geben. Fügen Sie 2,5 ml/½ TL milden Essig hinzu, um das Ausbreiten von Weiß zu verhindern. Schieben Sie vorsichtig 1 Ei hinein, das zuerst in eine Tasse gebrochen wurde. Das Eigelb zweimal mit einem Spieß oder der Spitze eines Messers einstechen. Mit einem Teller abdecken und 45 Sekunden bis 1¼ Minuten auf Vollgas garen, je nachdem, wie fest Sie das Eiweiß mögen. 1 Minute stehen lassen. Mit einer gelochten Fischscheibe aus der Form heben.

Für 2 Eier, die gleichzeitig in 2 Gerichten gekocht werden: 1½ Minuten auf Vollgas kochen. 1¼ Minuten stehen lassen. Wenn das Eiweiß zu flüssig ist, weitere 15–20 Sekunden garen.

Für 3 Eier, die gleichzeitig in 3 Gerichten gekocht werden: 2–2½ Minuten auf Vollgas garen. 2 Minuten stehen lassen. Wenn das Eiweiß zu flüssig ist, weitere 20–30 Sekunden garen.

Gebratene (sautierte) Eier

Die Mikrowelle leistet hier hervorragende Arbeit und die Eier werden weich und zart, immer mit der Sonnenseite nach oben und mit einem weißen Rand, der niemals kräuselt. Es wird nicht empfohlen, mehr als 2 Eier gleichzeitig zu braten, da das Eigelb schneller kochen würde als das Eiweiß und hart werden würde. Dies liegt an der längeren Garzeit, die benötigt wird, um das Eiweiß zu fixieren. Verwenden Sie

Porzellan oder Töpferwaren ohne jeden Hauch von Dekoration, wie sie es in Frankreich tun.

Für 1 Ei: Bürsten Sie eine kleine Porzellan- oder Tonschale leicht mit geschmolzener Butter, Margarine oder einer Spur zartem Olivenöl. Brechen Sie das Ei in eine Tasse und schieben Sie es dann in die vorbereitete Schüssel. Das Eigelb zweimal mit einem Spieß oder der Spitze eines Messers einstechen. Leicht mit Salz und frisch gemahlenem schwarzem Pfeffer bestreuen. Mit einem Teller abdecken und 30 Sekunden lang auf Vollgas garen. 1 Minute stehen lassen. Weitere 15–20 Sekunden weitergaren. Wenn das Eiweiß nicht fest genug ist, weitere 5–10 Sekunden garen.

Für 2 Eier: wie 1 Ei, aber anfangs 1 Minute auf Voll garen, dann 1 Minute stehen lassen. Weitere 20–40 Sekunden garen. Wenn das Weiß nicht fest genug ist, weitere 6–8 Sekunden warten.

Piperade

Serviert 4

30 ml/2 EL Olivenöl

3 Zwiebeln, sehr dünn geschnitten

2 grüne (Paprikaschoten), entkernt und fein gehackt

6 Tomaten, blanchiert, gehäutet, entkernt und gehackt

15 ml/1 EL gehackte Basilikumblätter

Salz und frisch gemahlener schwarzer Pfeffer

6 große Eier

60 ml/4 EL doppelte (schwere) Sahne

Toast, zum Servieren

Gießen Sie das Öl in eine tiefe Schüssel mit einem Durchmesser von 25 cm/10 Zoll und erhitzen Sie es ohne Deckel 1 Minute lang auf Vollgas. Zwiebeln und Paprika unterrühren. Mit einem Teller abdecken und auf Auftauen 12–14 Minuten garen, bis das Gemüse weich ist. Tomaten und Basilikum unterrühren und abschmecken. Decken Sie es wie zuvor ab und garen Sie es 3 Minuten lang auf Vollgas. Eier und Sahne gut verquirlen und abschmecken. In die Form geben und mit dem Gemüse vermengen. Ohne Deckel 4–5 Minuten auf Vollgas kochen, bis es leicht verrührt ist, dabei jede Minute umrühren. Decken Sie es ab und lassen Sie es 3 Minuten stehen, bevor Sie es mit knusprigem Toast servieren.

Piperade mit Schinken

Serviert 4

Wie Piperade zubereiten, aber auf Portionen gebratenen (sautierten) Brots löffelweise servieren und jeweils mit einer gegrillten

(gebratenen) oder mikrowellengegarten Schinkenscheibe (Scheibe)
belegen.

Piperada

Serviert 4

Spaniens Version von Piperade.

Wie Piperade zubereiten, aber 2 zerdrückte Knoblauchzehen mit den
Zwiebeln und dem grünen (Paprika) und 125 g/4 oz/1 Tasse grob
gehackten Schinken zum gekochten Gemüse geben. Jede Portion mit
in Scheiben geschnittenen gefüllten Oliven garnieren.

eggs Florentine

Serviert 4

450 g frisch gekochter Spinat
60 ml/4 EL Schlagsahne

4 pochierte Eier, 2 auf einmal gekocht

300 ml/½ pt/1¼ Tassen heiße Käsesauce oder Mornay-Sauce

50 g/2 oz/½ Tasse geriebener Käse

Spinat und Sahne in einer Küchenmaschine oder einem Mixer verarbeiten. In einer gebutterten, flachen, hitzebeständigen Schüssel mit 18 cm Durchmesser anrichten. Mit einem Teller abdecken und 1½ Minuten auf Vollgas erhitzen. Die Eier darauf anrichten und mit der scharfen Soße bestreichen. Mit Käse bestreuen und unter dem heißen Grill (Grill) anbraten.

Pochiertes Ei Rossini

AUFSCHLÄGE 1

Dies ergibt ein elegantes leichtes Mittagessen mit einem Blattsalat.

Braten (sautieren) oder toasten Sie entkrustete Scheiben Weizenmehlbrot. Mit einer glatten Leberpastete bestreichen, die, wenn es die Kosten zulassen, etwas Trüffel enthält. Mit einem frisch gekochten pochierten Ei garnieren und sofort servieren.

Rührei mit Aubergineneiern

Serviert 4

Eine israelische Idee, die sich gut in die Mikrowelle umwandeln lässt. Der Geschmack ist merkwürdig kraftvoll.

750 g/1½ lb Auberginen (Auberginen)

15 ml/1 EL Zitronensaft

15 ml/1 EL Mais- oder Sonnenblumenöl

2 Zwiebeln, fein gehackt

2 Knoblauchzehen, zerdrückt

4 große Eier

60 ml/4 EL Milch

Salz und frisch gemahlener schwarzer Pfeffer

Heißer Toast mit Butter zum Servieren

Die Auberginen köpfen und enden und längs halbieren. Auf einem großen Teller mit den Schnittflächen nach unten anrichten und mit Küchenpapier abdecken. 8-9 Minuten auf Vollgas garen oder bis sie weich sind. Das Fruchtfleisch aus den Schalen direkt mit dem Zitronensaft in eine Küchenmaschine geben und zu einem groben Püree verarbeiten. Geben Sie das Öl in eine 1,5-Liter-/2½-Pt-/6-

Tassen-Schüssel. Unbedeckt 30 Sekunden lang auf Vollgas erhitzen. Zwiebeln und Knoblauch unterrühren. Ohne Deckel 5 Minuten auf Vollgas garen. Die Eier mit der Milch verquirlen und kräftig abschmecken. In die Schüssel gießen und mit den Zwiebeln und dem Knoblauch 2 Minuten lang auf Vollgas rühren, dabei alle 30 Sekunden umrühren. Zwiebeln und Knoblauch untermischen und das Auberginenpüree hinzugeben. Ohne Deckel 3–4 Minuten auf Vollgas weiterkochen, dabei alle 30 Sekunden umrühren, bis die Mischung eindickt und die Eier verrührt sind. Auf heißem Buttertoast servieren.

Klassisches Omelett

Dient 1

Ein Omelett mit leichter Textur, das einfach oder gefüllt serviert

werden kann.

Geschmolzene Butter oder Margarine

3 Eier

20 ml/4 TL Salz

Frisch gemahlener schwarzer Pfeffer

30 ml/2 EL kaltes Wasser

Petersilie oder Brunnenkresse zum Garnieren

Eine flache Schüssel mit 20 cm Durchmesser mit geschmolzener Butter oder Margarine auspinseln. Die Eier mit allen restlichen Zutaten außer der Garnierung sehr gründlich verquirlen. (Ein leichtes Aufschlagen der Eier wie bei traditionellen Omeletts reicht nicht aus.) In die Form gießen, mit einem Teller abdecken und in die Mikrowelle stellen. 1½ Minuten auf Vollgas garen. Decken Sie die Eimischung ab und rühren Sie sie vorsichtig mit einem Holzlöffel oder einer Gabel um, wobei Sie die teilweise fest gewordenen Ränder in die Mitte bringen. Wie zuvor abdecken und wieder in die Mikrowelle stellen. 1½ Minuten auf Vollgas garen. Abdecken und 30–60 Sekunden weitergaren oder bis die Oberseite gerade fest ist. In drei Teile falten und auf einen vorgewärmten Teller gleiten lassen. Garnieren und sofort servieren.

Aromatisierte Omeletts

Petersilien-Omelett: Zubereiten wie klassisches Omelett, aber die Eier mit 30 ml/2 EL gehackter Petersilie bestreuen, nachdem das Omelett die ersten 1½ Minuten gekocht hat.

Schnittlauch-Omelett: Wie klassisches Omelett zubereiten, aber die Eier mit 30 ml/2 EL geschnittenem Schnittlauch bestreuen, nachdem das Omelett die ersten 1½ Minuten gekocht hat.

Brunnenkresse-Omelett: Wie klassisches Omelett zubereiten, aber die Eier mit 30 ml/2 EL gehackter Brunnenkresse bestreuen, nachdem das Omelett die ersten 1½ Minuten gekocht hat.

Omelette aux Fines Herbes: Wie klassisches Omelett zubereiten, aber die Eier mit 45 ml/3 EL gemischter gehackter Petersilie, Kerbel und Basilikum bestreuen, nachdem das Omelett die ersten 1½ Minuten gekocht hat. Ein wenig frischer Estragon kann auch hinzugefügt werden.

Curry-Omelette mit Koriander: Zubereiten wie klassisches Omelette, jedoch Eier und Wasser zusätzlich mit Salz und Pfeffer mit 5–10 ml/1–2 TL Currypulver verquirlen. Bestreuen Sie die Eier mit 30 ml/2 EL gehacktem Koriander (Koriander), nachdem das Omelette die ersten 1½ Minuten gekocht hat.

Käse-Senf-Omelett: Zubereiten wie klassisches Omelette, jedoch Eier und Wasser mit 5 ml/1 TL fertigem Senf und 30 ml/2 EL sehr fein geriebenem und wohlschmeckendem Hartkäse sowie Salz und Pfeffer verquirlen.

Brunch-Omelett

1–2 Portionen

Ein Omelett nach nordamerikanischer Art, das traditionell zum Sonntagsbrunch serviert wird. Das Brunch-Omelett kann wie das klassische Omelett aromatisiert und gefüllt werden.

Zubereiten wie klassisches Omelett, jedoch statt 30 ml/2 EL Wasser 45 ml/3 EL kalte Milch verwenden. Nach dem Aufdecken 1–1½ Minuten auf Vollgas garen. In drei Teile falten und vorsichtig auf einen Teller schieben.

Pochiertes Ei mit geschmolzenem Käse

Dient 1

1 Scheibe heißer Toast mit Butter

45 ml/3 EL Frischkäse

Tomatenketchup (Katsup)

1 pochiertes Ei

60–75 ml/4–5 EL geriebener Käse

Paprika

Den Toast mit Frischkäse bestreichen, dann mit Tomatenketchup. Auf einen Teller legen. Mit dem pochierten Ei belegen, dann mit dem geriebenen Käse übergießen und mit Paprika bestäuben. Ohne Deckel 1–1½ Minuten auftauen, bis der Käse gerade anfängt zu schmelzen. Gleich essen.

Eier Benedikt

1–2 Portionen

Kein nordamerikanischer Sonntagsbrunch wäre komplett ohne Eggs Benedict, eine sündhaft reichhaltige Eierzubereitung, die allen Kalorien- und Cholesterinbeschränkungen trotzt.

Einen Muffin oder Bap teilen und toasten. Mit einer Scheibe konventionell gegrilltem (gebratenem) mildem Speck belegen, dann beide Hälften mit einem frisch pochierten Ei belegen. Mit Sauce Hollandaise bestreichen, dann leicht mit Paprika bestäuben. Gleich essen.

Omelett Arnold Bennett

2 dient

Angeblich von einem Koch im Londoner Savoy Hotel zu Ehren des berühmten Schriftstellers kreiert, ist dies ein monumentales und unvergessliches Omelett für jeden hohen Tag und Festtag.

175 g/6 oz geräucherter Schellfisch oder Kabeljaufilet

45 ml/3 EL kochendes Wasser

120 ml/4 fl oz/½ Tasse Crème fraîche

Frisch gemahlener schwarzer Pfeffer

Geschmolzene Butter oder Margarine zum Bestreichen

3 Eier

45 ml/3 EL kalte Milch

Eine Prise Salz

50 g/2 oz/½ Tasse farbiger Cheddar- oder Red Leicester-Käse, gerieben

Legen Sie den Fisch mit dem Wasser in eine flache Schüssel. Mit einem Teller abdecken und 5 Minuten auf Vollgas garen. 2 Minuten stehen lassen. Das Fruchtfleisch abtropfen lassen und mit einer Gabel zerpflücken. Crème fraîche einarbeiten und mit Pfeffer abschmecken. Eine flache Schüssel mit 20 cm Durchmesser mit geschmolzener

Butter oder Margarine auspinseln. Die Eier mit der Milch und dem Salz gründlich verquirlen. In die Schüssel gießen. Mit einem Teller abdecken und 3 Minuten lang auf Vollgas garen, dabei die Ränder nach der Hälfte des Garvorgangs in die Mitte schieben. Aufdecken und weitere 30 Sekunden auf Vollgas garen. Mit der Fisch-Sahne-Mischung bestreichen und mit dem Käse bestreuen. Ohne Deckel 1–1½ Minuten auf Vollgas garen, bis das Omelett heiß und der Käse geschmolzen ist. Auf zwei Portionen aufteilen und sofort servieren.

Tortilla

2 dient

Das berühmte spanische Omelett ist rund und flach wie ein Pfannkuchen. Es passt gut zu Brot- oder Brötchenstücken und einem knackigen grünen Salat.

15 ml/1 EL Butter, Margarine oder Olivenöl

1 Zwiebel, fein gehackt

175 g gekochte Kartoffeln, gewürfelt

3 Eier

5 ml/1 TL Salz

30 ml/2 EL kaltes Wasser

Butter, Margarine oder Öl in eine tiefe Schüssel mit 20 cm Durchmesser geben. Auftauen für 30–45 Sekunden erhitzen. Zwiebel untermischen. Mit einem Teller abdecken und 2 Minuten auf Auftauen garen. Kartoffeln unterrühren. Decken Sie es wie zuvor ab und garen

Sie es 1 Minute lang auf Vollgas. Aus der Mikrowelle nehmen. Die Eier mit Salz und Wasser gründlich verquirlen. Gleichmäßig über die Zwiebeln und Kartoffeln gießen. Ohne Deckel 4½ Minuten auf Vollgas garen, dabei die Schüssel einmal wenden. 1 Minute stehen lassen, dann in zwei Teile teilen und jede Portion auf einen Teller geben. Gleich essen.

Spanisches Omelett mit gemischtem Gemüse

2 dient

30 ml/2 EL Butter, Margarine oder Olivenöl

1 Zwiebel, fein gehackt

2 Tomaten, gehäutet und gehackt

½ kleine grüne oder rote (Paprika) Paprika, fein gehackt

3 Eier

5–7,5 ml/1–1½ TL Salz

30 ml/2 EL kaltes Wasser

Butter, Margarine oder Öl in eine tiefe Schüssel mit 20 cm Durchmesser geben. Auftauen für 1½ Minuten erhitzen. Zwiebel, Tomaten und gehackte Paprika untermischen. Mit einem Teller abdecken und auf Auftauen 6–7 Minuten garen, bis sie weich sind. Die Eier mit Salz und Wasser gründlich verquirlen. Gleichmäßig über das Gemüse gießen. Mit einem Teller abdecken und 5–6 Minuten auf voller Stufe garen, bis die Eier gestockt sind, dabei die Schüssel einmal wenden. In zwei Teile teilen und jede Portion auf einen Teller geben. Gleich essen.

Spanisches Omelett mit Schinken

2 dient

Wie Spanisches Omelett mit gemischtem Gemüse zubereiten, jedoch 60 ml/4 EL grob gehackter luftgetrockneter spanischer Schinken und 1–2 Knoblauchzehen, zerdrückt, zum Gemüse geben und 30 Sekunden länger garen.

Käseeier in Selleriesauce

Serviert 4

Ein kurzes Mittag- oder Abendessen, das Vegetariern eine reichhaltige Mahlzeit bietet.

6 große hart gekochte (hart gekochte) Eier, geschält und halbiert
300 ml/10 fl oz/1 Dose kondensierte Selleriesuppe
45 ml/3 EL Vollmilch
175 g Cheddar-Käse, gerieben

30 ml/2 EL fein gehackte Petersilie

Salz und frisch gemahlener schwarzer Pfeffer

15 ml/1 EL geröstete Semmelbrösel

2,5 ml/½ TL Paprika

Ordnen Sie die Eihälften in einem tiefen Teller mit 20 cm Durchmesser an. In einer separaten Schüssel oder Schüssel die Suppe und die Milch vorsichtig vermischen. Ohne Deckel 4 Minuten lang auf Vollgas erhitzen und dabei jede Minute umrühren. Die Hälfte des Käses untermischen und ohne Deckel 1–1½ Minuten auf Vollgas erhitzen, bis er geschmolzen ist. Petersilie unterrühren, abschmecken, dann über die Eier löffeln. Mit dem restlichen Käse, den Semmelbröseln und Paprika bestreuen. Vor dem Servieren unter einem heißen Grill (Broiler) bräunen.

Eier Fu Yung

2 dient

5 ml/1 EL Butter, Margarine oder Maisöl

1 Zwiebel, fein gehackt

30 ml/2 EL gekochte Erbsen

30 ml/2 EL gekochte Sojasprossen oder Sojasprossen aus der Dose

125 g Champignons, in Scheiben geschnitten

3 große Eier

2,5 ml/½ TL Salz

30 ml/2 EL kaltes Wasser

5 ml/1 TL Sojasauce

4 Frühlingszwiebeln (Frühlingszwiebeln), fein geschnitten

Butter, Margarine oder Öl in eine tiefe Schüssel mit 20 cm Durchmesser geben und ohne Deckel 1 Minute lang auf Auftauen erhitzen. Die gehackte Zwiebel untermischen, mit einem Teller abdecken und 2 Minuten auf Vollgas garen. Erbsen, Sojasprossen und Pilze unterrühren. Decken Sie es wie zuvor ab und garen Sie es 1½ Minuten lang auf voller Stufe. Aus der Mikrowelle nehmen und umrühren. Eier mit Salz, Wasser und Sojasauce gut verquirlen. Gleichmäßig über das Gemüse gießen. Ohne Deckel 5 Minuten auf Vollgas garen, dabei zweimal wenden. 1 Minute stehen lassen. In zwei Teile teilen und jeweils auf eine vorgewärmte Platte geben. Mit Frühlingszwiebeln garnieren und sofort servieren.

Pizza-Omelett

2 dient

Eine neuartige Pizza, der Boden aus einem flachen Omelett statt aus Hefeteig.

15 ml/1 EL Olivenöl

3 große Eier

45 ml/3 EL Milch

2,5 ml/½ TL Salz

4 Tomaten, blanchiert, gehäutet und in Scheiben geschnitten

125 g/4 oz/1 Tasse Mozzarella-Käse, gerieben

Geben Sie das Öl in eine tiefe Schüssel mit einem Durchmesser von 20 cm/8 Zoll und erhitzen Sie es ohne Deckel 1 Minute lang auf Auftauen. Die Eier mit der Milch und dem Salz sehr gründlich verquirlen. In die Form gießen und mit einem Teller abdecken. 3 Minuten lang auf Vollgas garen, dabei die Ränder nach der Hälfte des Garvorgangs in die Mitte des Gerichts schieben. Aufdecken und weitere 30 Sekunden auf Vollgas garen. Mit Tomaten und Käse bestreichen, dann mit Sardellen und Oliven garnieren. Ohne Deckel 4 Minuten auf Vollgas garen, dabei zweimal wenden. In zwei Teile teilen und sofort servieren.

Soufflé-Omelett

2 dient

45 ml/3 EL Marmelade (Konfitüre)

Puderzucker (Puderzucker).

Geschmolzene Butter

3 Tropfen Zitronensaft

3 große Eier, getrennt

15 ml/1 EL Kristallzucker

Die Marmelade in eine kleine Schüssel oder Tasse geben. Mit einer Untertasse abdecken und 1½ Minuten auf Auftauen erhitzen. Vorsichtig aus der Mikrowelle nehmen, abgedeckt lassen und beiseite stellen. Bedecken Sie ein großes Blatt fettdichtes (gewachstes) Papier mit gesiebtem Puderzucker. Eine tiefe Schüssel mit 25 cm Durchmesser mit geschmolzener Butter auspinseln. Zitronensaft zum Eiweiß geben und steif schlagen. Puderzucker zu den Eigelben geben und schlagen, bis sie dick, blass und cremig sind. Schlagen Sie das geschlagene Eiweiß vorsichtig in das Eigelb, bis es glatt und gleichmäßig vermischt ist. In die vorbereitete Schüssel geben. Ohne Deckel 3½ Minuten auf Vollgas garen. Auf das gezuckerte Papier stürzen, mit einem Messer in der Mitte eine Linie einritzen und die warme Marmelade auf der Hälfte des Omelettes verteilen. Vorsichtig halbieren, in zwei Portionen schneiden und sofort essen.

Omelette mit Zitronensoufflé

2 dient

Zubereiten wie Soufflé-Omelette, jedoch 5 ml/1 TL fein abgeriebene Zitronenschale zu den geschlagenen Eigelben und dem Zucker geben.

Orangensoufflé-Omelett

2 dient

Zubereiten wie Soufflé-Omelett, jedoch 5 ml/1 TL fein geriebene Orangenschale zu den geschlagenen Eigelben und dem Zucker geben.

Mandel-Aprikosen-Soufflé-Omelett

2 dient

Zubereiten wie Soufflé-Omelette, jedoch 2,5 ml/½ TL Mandelessenz
(Extrakt) zu den geschlagenen Eigelben und dem Zucker geben. Mit
erwärmter glatter Aprikosenmarmelade (Konfitüre) füllen.

Himbeer-Soufflé-Omelett

2 dient

Zubereiten wie Soufflé-Omelette, jedoch 2,5 ml/½ TL Vanilleessenz
(Extrakt) zu den geschlagenen Eigelben und dem Zucker geben. Mit
45–60 ml/3–4 EL grob zerkleinerten Himbeeren auffüllen, nach
Belieben mit Puderzucker und einem Schuss Kirsch oder Gin
verrühren.

Erdbeer-Soufflé-Omelett

2 dient

Zubereiten wie Soufflé-Omelette, jedoch 2,5 ml/½ TL Vanilleessenz
(Extrakt) zu den geschlagenen Eigelben und dem Zucker geben. Mit
45–60 ml/3–4 EL dünn geschnittenen Erdbeeren, nach Belieben mit

Puderzucker vermischt, und 15 ml/1 EL Schokoladen- oder Orangenlikör auffüllen.

Soufflé-Omelett mit Toppings

2 dient

Wie Soufflé-Omelett zubereiten, aber anstatt das Omelett zu falten und zu halbieren, flach liegen lassen und in zwei Portionen schneiden. Jeweils auf einen Teller geben und entweder mit aufgewärmtem Obstkompott oder einem Fruchtcoulis garnieren. Sofort servieren.

Gebackenes Ei mit Sahne

Dient 1

Diese Art der Eierzubereitung wird in Frankreich sehr geschätzt, wo sie oeufs en cocotte genannt wird. Es ist sicherlich eine erstklassige Vorspeise für Dinnerpartys, aber es macht auch ein stilvolles Mittagessen mit Toast oder Crackern und einem grünen Salat. Um den Erfolg sicherzustellen, ist es ratsam, jeweils ein Ei in einem einzelnen Gericht zu kochen.

1 Ei

Salz und frisch gemahlener schwarzer Pfeffer

15 ml/1 EL Doppelrahm oder Crème fraîche

5 ml/1 TL sehr fein gehackte Petersilie, Schnittlauch oder Koriander

(Koriander)

Streichen Sie eine kleine Auflaufform (Puddingbecher) oder eine einzelne Souffléform mit geschmolzener Butter oder Margarine aus. Schlagen Sie das Ei vorsichtig ein und stechen Sie das Eigelb zweimal mit einem Spieß oder der Spitze eines Messers ein. Nach Geschmack gut würzen. Mit der Sahne bestreichen und mit den Kräutern bestreuen. Mit einer Untertasse abdecken und 3 Minuten auf Auftauen garen. Vor dem Essen 1 Minute stehen lassen.

Gebackenes Ei neapolitanisch

Dient 1

Zubereiten wie Baked Egg with Cream, aber das Ei mit 15 ml/1 EL Passata (passierte Tomaten) und zwei fein gehackten schwarzen Oliven oder Kapern bestreichen.

Käsefondue

Serviert 6

Das in der Schweiz geborene Käsefondue ist der Après-Ski-Liebling der Alpenorte oder überall sonst mit tiefem Schnee auf hohen Gipfeln. Das Brot in einen gemeinschaftlichen Topf mit aromatischem Schmelzkäse zu tunken ist eine der geselligsten, unterhaltsamsten und entspannendsten Arten, ein Essen mit Freunden zu genießen, und dafür gibt es keinen besseren Küchenhelfer als die Mikrowelle. Für eine authentische Atmosphäre mit kleinen Spritzern Kirsch und einer Tasse heißem Zitronentee servieren.

1–2 Knoblauchzehen, geschält und halbiert

175 g/6 oz/1½ Tassen Emmentaler, gerieben

450 g Gruyère (Schweizer) Käse, gerieben

15 ml/1 EL Speisestärke (Maisstärke)

300 ml/½ Pt/1¼ Tassen Moselwein

5 ml/1 TL Zitronensaft

30 ml/2 EL Kirsch

Salz und frisch gemahlener schwarzer Pfeffer

Gewürfeltes französisches Brot zum Dippen

Drücken Sie die geschnittenen Seiten der Knoblauchhälften gegen die Seiten eines tiefen 2,5-Liter-/4½-Pt-/11-Tassen-Glases oder einer Keramikschale. Alternativ, für einen stärkeren Geschmack, den Knoblauch direkt in die Schüssel pressen. Beide Käsesorten, Speisestärke, Wein und Zitronensaft hinzugeben. Ohne Deckel 7–9 Minuten auf Vollgas garen, dabei viermal umrühren, bis das Fondue leicht zu sprudeln beginnt. Aus der Mikrowelle nehmen und den Kirsch untermischen. Nach Geschmack gut würzen. Bringen Sie das

Gericht auf den Tisch und essen Sie, indem Sie einen Brotwürfel auf eine lange Fonduegabel spießen, ihn in der Käsemischung herumwirbeln und dann herausheben.

Fondue mit Cidre

Serviert 6

Wie Käsefondue zubereiten, aber den Wein durch Cidre und den Kirsch durch Calvados ersetzen und Rotapfelwürfel sowie die Brotwürfel zum Dippen servieren.

Fondue mit Apfelsaft

Serviert 6

Ein alkoholfreies Fondue mit mildem Geschmack und für jedes Alter geeignet.

Zubereitung wie Käsefondue, aber Wein durch Apfelsaft ersetzen und Kirsch weglassen. Eventuell mit etwas heißem Wasser verdünnen.

Rosa Fondue

Serviert 6

Zubereiten wie für Käsefondue, aber jeweils 200 g/7 oz/1¾ Tassen weißen Cheshire-Käse, Lancashire-Käse und Caerphilly-Käse durch Emmentaler- und Gruyère-Käse (Schweizer Käse) und Roséwein durch Weißwein ersetzen.

187

Rauchiges Fondue

Serviert 6

Wie Käsefondue zubereiten, aber die Hälfte des Greyerzer Käses durch 200 g/7 oz/1¾ Tassen geräucherten Käse ersetzen. Die Emmentalermenge bleibt unverändert.

Deutsches Bierfondue

Serviert 6

Wie Käsefondue zubereiten, aber Wein durch Bier und Kirsch durch Brandy ersetzen.

Fondue mit Feuer

Serviert 6

Wie Käsefondue zubereiten, aber 2–3 rote Chilischoten, entkernt und sehr fein gehackt, direkt nach der Speisestärke (Maisstärke) hinzufügen.

Curry-Fondue

Serviert 6

Wie Käsefondue zubereiten, jedoch 10–15 ml/2–3 TL milde Currypaste mit den Käsesorten zugeben und den Kirsch durch Wodka ersetzen. Verwenden Sie zum Dippen erwärmtes indisches Brot.

Fonduta

Für 4–6 Portionen

Eine italienische Version von Käsefondue, außerordentlich üppig.

Wie Käsefondue zubereiten, aber Gruyère (Schweizer) und Emmentaler durch italienischen Fontina-Käse, Mosel durch trockenen italienischen Weißwein und Kirsch durch Marsala ersetzen.

Scheinkäse und Tomatenfondue

Für 4–6 Portionen

225 g/8 oz/2 Tassen reifer Cheddar-Käse, gerieben

125 g Lancashire- oder Wensleydale-Käse, zerkrümelt

300 ml/10 fl oz/1 Dose kondensierte Tomatensuppe

10 ml/2 TL Worcestersauce

Ein Schuss scharfe Paprikasauce

45 ml/3 EL trockener Sherry

Aufgewärmtes Ciabattabrot zum Servieren

Geben Sie alle Zutaten außer dem Sherry in ein 1,25-Liter-Glas oder eine Keramikschale. Ohne Deckel auf Auftauen 7–9 Minuten kochen, dabei drei- bis viermal umrühren, bis das Fondue glatt eingedickt ist. Aus der Mikrowelle nehmen und den Sherry einrühren. Mit Stücken von warmem Ciabatta-Brot essen.

Käsefondue

Serviert 6

Das in der Schweiz geborene Käsefondue ist der Après-Ski-Liebling der Alpenorte oder überall sonst mit tiefem Schnee auf hohen Gipfeln. Das Brot in einen gemeinschaftlichen Topf mit aromatischem Schmelzkäse zu tunken ist eine der geselligsten, unterhaltsamsten und entspannendsten Arten, ein Essen mit Freunden zu genießen, und dafür gibt es keinen besseren Küchenhelfer als die Mikrowelle. Für eine authentische Atmosphäre mit kleinen Spritzern Kirsch und einer Tasse heißem Zitronentee servieren.

1–2 Knoblauchzehen, geschält und halbiert

175 g/6 oz/1½ Tassen Emmentaler, gerieben

450 g Gruyère (Schweizer) Käse, gerieben

15 ml/1 EL Speisestärke (Maisstärke)

300 ml/½ Pt/1¼ Tassen Moselwein

5 ml/1 TL Zitronensaft

30 ml/2 EL Kirsch

Salz und frisch gemahlener schwarzer Pfeffer

Gewürfeltes französisches Brot zum Dippen

Drücken Sie die geschnittenen Seiten der Knoblauchhälften gegen die Seiten eines tiefen 2,5-Liter-/4½-Pt-/11-Tassen-Glases oder einer Keramikschale. Alternativ, für einen stärkeren Geschmack, den Knoblauch direkt in die Schüssel pressen. Beide Käsesorten,

Speisestärke, Wein und Zitronensaft hinzugeben. Ohne Deckel 7–9 Minuten auf Vollgas garen, dabei viermal umrühren, bis das Fondue leicht zu sprudeln beginnt. Aus der Mikrowelle nehmen und den Kirsch untermischen. Nach Geschmack gut würzen. Bringen Sie das Gericht auf den Tisch und essen Sie, indem Sie einen Brotwürfel auf eine lange Fonduegabel spießen, ihn in der Käsemischung herumwirbeln und dann herausheben.

Fondue mit Cidre

Serviert 6

Wie Käsefondue zubereiten, aber den Wein durch Cidre und den Kirsch durch Calvados ersetzen und Rotapfelwürfel sowie die Brotwürfel zum Dippen servieren.

Fondue mit Apfelsaft

Serviert 6

Ein alkoholfreies Fondue mit mildem Geschmack und für jedes Alter geeignet.

Zubereitung wie Käsefondue, aber Wein durch Apfelsaft ersetzen und Kirsch weglassen. Eventuell mit etwas heißem Wasser verdünnen.

Rosa Fondue

Serviert 6

Zubereiten wie für Käsefondue, aber jeweils 200 g/7 oz/1¾ Tassen weißen Cheshire-Käse, Lancashire-Käse und Caerphilly-Käse durch Emmentaler- und Gruyère-Käse (Schweizer Käse) und Roséwein durch Weißwein ersetzen.

Rauchiges Fondue

Serviert 6

Wie Käsefondue zubereiten, aber die Hälfte des Greyerzer Käses durch 200 g/7 oz/1¾ Tassen geräucherten Käse ersetzen. Die Emmentalermenge bleibt unverändert.

Deutsches Bierfondue

Serviert 6

Wie Käsefondue zubereiten, aber Wein durch Bier und Kirsch durch Brandy ersetzen.

Fondue mit Feuer

Serviert 6

Wie Käsefondue zubereiten, aber 2–3 rote Chilischoten, entkernt und sehr fein gehackt, direkt nach der Speisestärke (Maisstärke) hinzufügen.

Curry-Fondue

Serviert 6

Wie Käsefondue zubereiten, jedoch 10–15 ml/2–3 TL milde
Currypaste mit den Käsesorten zugeben und den Kirsch durch Wodka
ersetzen. Verwenden Sie zum Dippen erwärmtes indisches Brot.

Fonduta

Für 4–6 Portionen

Eine italienische Version von Käsefondue, außerordentlich üppig.

Wie Käsefondue zubereiten, aber Gruyère (Schweizer) und
Emmentaler durch italienischen Fontina-Käse, Mosel durch trockenen
italienischen Weißwein und Kirsch durch Marsala ersetzen.

Scheinkäse und Tomatenfondue

Für 4–6 Portionen

225 g/8 oz/2 Tassen reifer Cheddar-Käse, gerieben
125 g Lancashire- oder Wensleydale-Käse, zerkrümelt
300 ml/10 fl oz/1 Dose kondensierte Tomatensuppe
10 ml/2 TL Worcestersauce
Ein Schuss scharfe Paprikasauce
45 ml/3 EL trockener Sherry
Aufgewärmtes Ciabattabrot zum Servieren

Geben Sie alle Zutaten außer dem Sherry in ein 1,25-Liter-Glas oder eine Keramikschale. Ohne Deckel auf Auftauen 7–9 Minuten kochen, dabei drei- bis viermal umrühren, bis das Fondue glatt eingedickt ist. Aus der Mikrowelle nehmen und den Sherry einrühren. Mit Stücken von warmem Ciabatta-Brot essen.

Scheinkäse- und Sellerie-Fondue

Für 4–6 Portionen

Zubereiten wie Mock Cheese and Tomato Fondue, aber die Tomatensuppe durch kondensierte Selleriesuppe ersetzen und mit Gin statt Sherry abschmecken.

Italienisches Käse-, Sahne- und Eierfondue

Für 4–6 Portionen

1 Knoblauchzehe, zerdrückt

50 g/2 oz/¼ Tasse ungesalzene (süße) Butter bei Küchentemperatur

450 g Fontina-Käse, gerieben

60 ml/4 EL Speisestärke (Maisstärke)

300 ml/½ Pt/1¼ Tassen Milch

2,5 ml/½ TL geriebene Muskatnuss

Salz und frisch gemahlener schwarzer Pfeffer

150 ml/¼ pt/2/3 Tasse Schlagsahne

2 Eier, geschlagen

Gewürfeltes italienisches Brot zum Servieren

Geben Sie Knoblauch, Butter, Käse, Speisestärke, Milch und Muskatnuss in eine tiefe 2,5-Liter-Glas- oder Tonschale. Nach Geschmack würzen. Ohne Deckel 7–9 Minuten auf Vollgas garen, dabei viermal umrühren, bis das Fondue leicht zu sprudeln beginnt. Aus der Mikrowelle nehmen und die Sahne unterrühren. Ohne Deckel 1 Minute auf Vollgas garen. Aus der Mikrowelle nehmen und nach und nach die Eier unterschlagen. Mit italienischem Brot zum Dippen servieren.

Holländisches Bauernfondue

Für 4–6 Portionen

Ein weiches und sanftes Fondue, mild genug für Kinder.

1 Knoblauchzehe, zerdrückt

15 ml/1 EL Butter

450 g Gouda-Käse, gerieben

15 ml/1 EL Speisestärke (Maisstärke)

20 ml/4 TL Senfpulver

Eine Prise geriebene Muskatnuss

300 ml/½ Pt/1¼ Tasse Vollmilch

Salz und frisch gemahlener schwarzer Pfeffer

Brotwürfel zum Servieren

Alle Zutaten in ein tiefes 2,5 Liter/4½ pt/11 Tassen Glas oder eine Keramikschale geben und nach Geschmack gut würzen. Ohne Deckel 7–9 Minuten auf Vollgas garen, dabei viermal umrühren, bis das Fondue leicht zu sprudeln beginnt. Bringen Sie das Gericht auf den Tisch und essen Sie, indem Sie einen Brotwürfel auf eine lange

Fonduegabel spießen, ihn in der Käsemischung herumwirbeln und
dann herausheben.

Bauernfondue mit Pfiff

Für 4–6 Portionen

Zubereitung wie Dutch Farmhouse Fondue, jedoch nach dem Kochen
30–45 ml/2–3 EL Genever (holländischer Gin) unterrühren.

Gebackenes Ei im Flamenco-Stil

Dient 1

Geschmolzene Butter oder Margarine

1 kleine Tomate, blanchiert, gehäutet und gehackt

2 Frühlingszwiebeln (Frühlingszwiebeln), gehackt

1–2 gefüllte Oliven, in Scheiben geschnitten

5 ml/1 TL Öl

15 ml/1 EL gekochter Schinken, fein gehackt

1 Ei

Salz und frisch gemahlener schwarzer Pfeffer

15 ml/1 EL Doppelrahm oder Crème fraîche

5 ml/1 TL sehr fein gehackte Petersilie, Schnittlauch oder Koriander

(Koriander)

Streichen Sie eine kleine Auflaufform (Puddingbecher) oder eine einzelne Souffléform mit geschmolzener Butter oder Margarine aus. Tomaten, Frühlingszwiebeln, Oliven, Öl und Schinken zugeben. Mit einer Untertasse abdecken und 1 Minute auf Vollgas erhitzen. Schlagen Sie das Ei vorsichtig ein und stechen Sie das Eigelb zweimal mit einem Spieß oder der Spitze eines Messers ein. Nach Geschmack gut würzen. Mit der Sahne bestreichen und mit den Kräutern bestreuen. Wie zuvor abdecken und 3 Minuten auf Auftauen garen. Vor dem Essen 1 Minute stehen lassen.

Brot-und-Butter-Käse und Petersilienpudding

Für 4–6 Portionen

4 große Scheiben Weißbrot

50 g/2 oz/¼ Tasse Butter, Küchentemperatur

175 g/6 oz/1½ Tassen orangefarbener Cheddar-Käse

45 ml/3 EL gehackte Petersilie

600 ml/1 Pt/2½ Tassen kalte Milch

3 Eier

5 ml/1 TL Salz

Paprika

Das Brot mit der Butter bestreichen und jede Scheibe in vier Quadrate schneiden. Buttern Sie eine 1,75-Liter-/3-Pt-/7½-Tassen-Schüssel gründlich ein. Die Hälfte der Brotquadrate mit der gebutterten Seite nach oben auf dem Boden der Form verteilen. Mit zwei Dritteln des Käses und der ganzen Petersilie bestreuen. Das restliche Brot mit der gebutterten Seite nach oben darauf verteilen. Gießen Sie die Milch in einen Krug und erwärmen Sie sie ohne Deckel 3 Minuten lang auf Vollgas. Die Eier schaumig schlagen, dann nach und nach die Milch einrühren. Salz einrühren. Vorsichtig über Brot und Butter gießen. Den restlichen Käse darüber streuen und mit Paprikapulver bestäuben. Mit Küchenpapier abdecken und 30 Minuten auftauen lassen. 5 Minuten stehen lassen, dann vor dem Servieren nach Belieben unter einem heißen Grill (Broiler) bräunen.

Brot-und-Butter-Käse und Petersilienpudding mit Cashewnüssen

Für 4–6 Portionen

Zubereiten wie Brot-und-Butter-Käse-Petersilie-Pudding, jedoch 45 ml/3 EL Cashewnüsse, geröstet und grob gehackt, mit dem Käse und der Petersilie hinzufügen.

Vier-Käse-Brot und Butterpudding

Für 4–6 Portionen

Wie Brot- und Butterkäse und Petersilienpudding zubereiten, aber eine Mischung aus geriebenem Cheddar, Edamer, Red Leicester und zerbröckeltem Stilton-Käse verwenden. Ersetzen Sie die Petersilie durch vier gehackte eingelegte Zwiebeln.

Käse- und Eierkuchen

Serviert 4

300 ml/10 fl oz/1 Dose kondensierte Pilzsuppe

45 ml/3 EL einfache (helle) Sahne

125 g/4 oz/1 Tasse Roter Leicester-Käse, gerieben

4 heiße geröstete Crumpets

4 frisch pochierte Eier

Suppe, Sahne und die Hälfte des Käses in eine 900-ml-Schüssel geben. Ohne Deckel 4–5 Minuten lang auf Vollgas erhitzen, bis es heiß und glatt ist, dabei jede Minute schlagen. Jedes Crumpet auf einen vorgewärmten Teller legen und mit einem Ei belegen. Mit der Pilzmischung bestreichen, mit dem restlichen Käse bestreuen und nacheinander auf Vollgas ca. 1 Minute erhitzen, bis der Käse geschmolzen ist und Blasen wirft. Gleich essen.

Umgedrehter Käse- und Tomatenpudding

Serviert 4

225 g/8 oz/2 Tassen selbstaufgehendes (selbstaufgehendes) Mehl

5 ml/1 TL Senfpulver

5 ml/1 TL Salz

125 g Butter oder Margarine

125 g/4 oz/1 Tasse Edamer- oder Cheddar-Käse, gerieben

2 Eier, geschlagen

150 ml/¼ pt/2/3 Tasse kalte Milch

4 große Tomaten, blanchiert und enthäutet und gehackt

15 ml/1 EL gehackte Petersilie oder Koriander (Koriander)

Fetten Sie eine tiefe runde 1,75-Liter-Puddingform mit Butter ein. Mehl, Senfpulver und 2,5 ml/½ TL Salz in eine Schüssel sieben. Butter oder Margarine fein einreiben, dann den Käse unterheben. Mit den Eiern und der Milch zu einer weichen Konsistenz verrühren. Glatt in das vorbereitete Becken streichen. Ohne Deckel 6 Minuten auf Vollgas garen. Die Tomaten mit dem restlichen Salz mischen. In eine flache Schüssel geben und mit einem Teller abdecken. Den Pudding aus dem Ofen nehmen und vorsichtig in eine flache Schüssel stürzen. Mit Küchenpapier abdecken und weitere 2 Minuten auf Vollgas garen. Aus dem Ofen nehmen und mit einem Stück Folie abdecken, um die Wärme zu speichern. Stellen Sie die Tomaten in die Mikrowelle und erhitzen Sie sie 3 Minuten lang auf Vollgas. Über den Pudding geben, mit den Kräutern bestreuen und heiß servieren.

Pizzabrötchen

Serviert 4

45 ml/3 EL Tomatenpüree (Paste)
30 ml/2 EL Olivenöl
1 Knoblauchzehe, zerdrückt
4 heiße geröstete Crumpets
2 Tomaten, in dünne Scheiben geschnitten
175 g/6 oz Mozzarella-Käse, in Scheiben geschnitten
12 schwarze Oliven

Tomatenpüree, Olivenöl und Knoblauch mischen und auf den Crumpets verteilen. Die Tomatenscheiben darauf anrichten. Mit dem Käse bedecken und mit den Oliven spicken. Eine nach der anderen für etwa 1–1½ Minuten auf Voll erhitzen, bis der Käse zu schmelzen beginnt. Gleich essen.

Ingwer-Wolfsbarsch mit Zwiebeln

Serviert 8

Eine kantonesische Spezialität und ein typisch chinesisches Buffetgericht.

2 Wolfsbarsche, je 450 g/1 lb, gereinigt, aber Köpfe dran gelassen
8 Frühlingszwiebeln (Schalenzwiebeln)
5 ml/1 TL Salz
2,5 ml/½ TL Zucker
2,5 cm/1 Stück frische Ingwerwurzel, geschält und fein gehackt
45 ml/3 EL Sojasauce

Den Fisch innen und außen waschen. Mit Küchenpapier trocknen. Machen Sie drei diagonale Schnitte mit einem scharfen Messer im Abstand von etwa 2,5 cm auf beiden Seiten jedes Fisches. Kopf an Schwanz in eine 30 3 20 cm/12 3 8 Zoll große Schüssel legen. Die Zwiebeln auf und ab schneiden, jede der Länge nach in Fäden schneiden und über den Fisch streuen. Restliche Zutaten gut vermischen und damit den Fisch bestreichen. Decken Sie die Form mit Frischhaltefolie (Plastikfolie) ab und schlitzen Sie sie zweimal auf, damit der Dampf entweichen kann. 12 Minuten auf voller Stufe garen, dabei das Gericht einmal wenden. Den Fisch auf eine Servierplatte geben und mit den Zwiebeln und Säften aus der Schüssel bestreichen.

Forellenpakete

2 dient

Profiköche nennen das truites en papillote. Die Päckchen einfach zubereiteter zarter Forellen ergeben einen raffinierten Fischgang.

2 große gesäuberte Forellen, je 450 g/1 lb, gewaschen, aber Köpfe belassen

1 Zwiebel, in dicke Scheiben geschnitten

1 kleine Zitrone oder Limette, in dicke Scheiben geschnitten

2 große getrocknete Lorbeerblätter, grob zerkrümelt

2,5 ml/½ TL Kräuter der Provence

5 ml/1 TL Salz

Bereiten Sie zwei Rechtecke aus Backpapier mit je 40 3 35 cm/16 3 14 vor. Legen Sie die Zwiebel und Zitronen- oder Limettenscheiben in die Vertiefungen des Fisches mit den Lorbeerblättern. Auf die Pergamentrechtecke legen und mit den Kräutern und dem Salz bestreuen. Wickeln Sie jede Forelle einzeln ein und legen Sie dann beide Pakete zusammen in eine flache Schüssel. 14 Minuten auf voller Stufe garen, dabei die Schüssel einmal wenden. 2 Minuten stehen lassen. Legen Sie jedes auf einen vorgewärmten Teller und öffnen Sie die Päckchen am Tisch.

Glänzender Seeteufel mit schlanken Bohnen

Serviert 4

125 g/4 oz Französische (grüne) oder Keniabohnen, getoppt und mit
Schwanz

150 ml/¼ pt/2/3 Tasse kochendes Wasser

450 g Seeteufel

15 ml/1 EL Speisestärke (Maisstärke)

1,5–2,5 ml/¼–½ TL chinesisches Fünf-Gewürze-Pulver

45 ml/3 EL Reiswein oder mittlerer Sherry

5 ml/1 TL Austernsauce in Flaschen

2,5 ml/½ TL Sesamöl

1 Knoblauchzehe, zerdrückt

50 ml/2 fl oz/3½ EL heißes Wasser

15 ml/1 EL Sojasauce

Eiernudeln zum Servieren

Bohnen halbieren. In eine runde 1,25 Liter/2¼ Pt/5½ Tasse Schüssel geben. Das kochende Wasser hinzufügen. Mit Frischhaltefolie (Plastikfolie) abdecken und zweimal aufschlitzen, damit der Dampf entweichen kann. 4 Minuten auf Vollgas garen. Abgießen und beiseite stellen. Den Seeteufel waschen und in schmale Streifen schneiden. Speisestärke und Gewürzpulver mit Reiswein oder Sherry glatt rühren.

Die restlichen Zutaten unterrühren. In die Schüssel geben, in der die Bohnen gekocht wurden. Ohne Deckel 1½ Minuten auf Vollgas garen. Glatt rühren, dann die Bohnen und den Seeteufel untermischen. Decken Sie es wie zuvor ab und garen Sie es 4 Minuten lang auf Vollgas. 2 Minuten stehen lassen, dann umrühren und servieren.

Glänzende Garnelen mit Zuckerschoten

Serviert 4

Wie Shining Seeteufel mit schlanken Bohnen zubereiten, aber die Bohnen durch Zuckerschoten ersetzen und nur 2½–3 Minuten garen, da sie knusprig bleiben sollten. Ersetzen Sie den Seeteufel durch geschälte Garnelen (Garnelen).

Kabeljau aus der Normandie mit Cidre und Calvados

Serviert 4

50 g Butter oder Margarine

1 Zwiebel, sehr dünn geschnitten

3 Karotten, sehr dünn geschnitten

50 g Champignons, geputzt und in dünne Scheiben geschnitten

4 große Kabeljausteaks, je etwa 225 g/8 oz

5 ml/1 TL Salz

150 ml/¼ pt/2/3 Tasse Apfelwein

15 ml/1 EL Speisestärke (Maisstärke)

25 ml/1½ EL kaltes Wasser

15 ml/1 EL Calvados

Petersilie, zum Garnieren

Die Hälfte der Butter oder Margarine in eine tiefe Schüssel mit 20 cm Durchmesser geben. Unbedeckt 45–60 Sekunden lang auf Vollgas schmelzen. Zwiebel, Karotten und Champignons untermischen. Den Fisch in einer Schicht darauf anrichten. Mit dem Salz bestäuben. Gießen Sie den Apfelwein in die Form und bestreichen Sie die Steaks mit der restlichen Butter oder Margarine. Mit Frischhaltefolie (Plastikfolie) abdecken und zweimal aufschlitzen, damit der Dampf entweichen kann. 8 Minuten auf Vollgas garen, dabei die Schüssel viermal wenden. Kochwasser vorsichtig abgießen und aufbewahren. Speisestärke glatt mit Wasser und Calvados verrühren. Die Fischsäfte zugeben. Ohne Deckel 2–2½ Minuten auf Vollgas kochen, bis die Sauce eindickt, dabei alle 30 Sekunden umrühren. Den Fisch auf einer vorgewärmten Servierplatte anrichten und mit dem Gemüse garnieren. Mit der Sauce bestreichen und mit Petersilie garnieren.

Fisch-Paella

6–8 Portionen

Spaniens führendes Reisgericht, weltweit bekannt durch internationale Reisen.

900 g Lachsfilet ohne Haut, gewürfelt

1 Päckchen Safranpulver

60 ml/4 EL heißes Wasser

30 ml/2 EL Olivenöl

2 Zwiebeln, gehackt

2 Knoblauchzehen, zerdrückt

1 grüne (Paprika), entkernt und grob gehackt

225 g/8 oz/1 Tasse italienischer oder spanischer Risottoreis

175 g/6 oz/1½ Tassen gefrorene oder frische Erbsen

600 ml/1 pt/2½ Tassen kochendes Wasser

7,5 ml/1½ TL Salz

3 Tomaten, blanchiert, geschält und geviertelt

75 g gekochter Schinken, gewürfelt

Die Lachswürfel am Rand einer Auflaufform mit 25 cm Durchmesser (Dutch Oven) anrichten, dabei in der Mitte eine kleine Mulde lassen. Decken Sie die Form mit Frischhaltefolie (Plastikfolie) ab und schlitzen Sie sie zweimal auf, damit der Dampf entweichen kann. Auf Auftauen 10–11 Minuten garen, dabei das Gericht zweimal wenden, bis der Fisch flockig und gerade erst gar ist. Abgießen und die Flüssigkeit auffangen und den Lachs beiseite stellen. Waschen und trocknen Sie das Geschirr. Den Safran in eine kleine Schüssel leeren, das heiße Wasser hinzufügen und 10 Minuten einweichen lassen. Gießen Sie das Öl in die gereinigte Schüssel und fügen Sie die Zwiebeln, den Knoblauch und den grünen Pfeffer hinzu. Ohne Deckel 4 Minuten auf Vollgas garen. Reis, Safran und Einweichwasser, Erbsen, Lachswürfel, aufgefangene Lachsflüssigkeit, kochendes Wasser und Salz zugeben. Mischen Sie gründlich, aber vorsichtig. Wie zuvor abdecken und 10 Minuten auf Vollgas garen. 10 Minuten in der Mikrowelle stehen lassen. Auf Vollgas weitere 5 Minuten garen. Tomaten und Schinken aufdecken und vorsichtig untermischen. Mit Garnelen, Muscheln und Zitrone garnieren und servieren.

Eingelegte Heringe

Serviert 4

4 Hering, je ca. 450 g, filetiert

2 große Lorbeerblätter, grob zerkrümelt

15 ml/1 EL gemischtes Pökelgewürz

2 Zwiebeln, in Scheiben geschnitten und in Ringe getrennt

150 ml/¼ pt/2/3 Tasse kochendes Wasser

20 ml/4 TL Kristallzucker

10 ml/2 TL Salz

90 ml/6 EL Malzessig

Butterbrot zum Servieren

Jedes Heringsfilet vom Kopf bis zum Schwanzende aufrollen, Hautseiten nach innen. Rund um den Rand einer tiefen Schüssel mit 25 cm Durchmesser anrichten. Mit den Lorbeerblättern bestreuen und würzen. Die Zwiebelringe zwischen den Heringen anrichten. Die restlichen Zutaten gut vermischen und über den Fisch geben. Mit

Frischhaltefolie (Plastikfolie) abdecken und zweimal aufschlitzen, damit der Dampf entweichen kann. 18 Minuten auf Vollgas garen. Abkühlen lassen, dann kalt stellen. Essen Sie kalt mit Brot und Butter.

Moules Marinières

Serviert 4

Belgiens Nationalgericht, immer serviert mit Pommes Frites als Beilage.

900 ml/2 Pkt./5 Tassen frische Muscheln

15 g/½ oz/1 EL Butter oder Margarine

1 kleine Zwiebel, gehackt

1 Knoblauchzehe, zerdrückt

150 ml/¼ pt/2/3 Tasse trockener Weißwein

1 Tütchen Bouquet garni

1 getrocknetes Lorbeerblatt, zerkrümelt

7,5 ml/1½ TL Salz

20 ml/4 TL frische weiße Semmelbrösel

20 ml/4 TL gehackte Petersilie

Waschen Sie die Muscheln unter fließendem kaltem Wasser. Entenmuscheln abkratzen und dann die Bärte abschneiden. Entsorgen Sie Muscheln mit gesprungener oder offener Schale; sie können eine Lebensmittelvergiftung verursachen. Wieder waschen. Butter oder Margarine in eine tiefe Schüssel geben. Unbedeckt auf Voll ca. 30 Sekunden schmelzen. Zwiebel und Knoblauch untermischen. Mit einem Teller abdecken und 6 Minuten auf Vollgas garen, dabei zweimal umrühren. Wein, Bouquet garni, Lorbeerblatt, Salz und Muscheln dazugeben. Zum Mischen vorsichtig umrühren. Decken Sie es wie zuvor ab und garen Sie es 5 Minuten lang auf Vollgas. Mit einem Schaumlöffel die Muscheln in vier tiefe Schüsseln oder Suppenteller geben. Semmelbrösel und die Hälfte der Petersilie in die Kochflüssigkeit einrühren, dann über die Muscheln geben. Mit der restlichen Petersilie bestreuen und sofort servieren.

Makrele mit Rhabarber und Rosinensauce

Serviert 4

Die hübsch gefärbte Süß-Sauer-Sauce gleicht die reichhaltige Makrele wunderbar aus.

350 g junger Rhabarber, grob gehackt

60 ml/4 EL kochendes Wasser

30 ml/2 EL Rosinen

30 ml/2 EL Kristallzucker

2,5 ml/½ TL Vanilleessenz (Extrakt)

Fein geriebene Schale und Saft einer halben kleinen Zitrone

4 Makrelen, gereinigt, entbeint und Köpfe weggeworfen

50 g Butter oder Margarine

Salz und frisch gemahlener schwarzer Pfeffer

Rhabarber und Wasser in eine Auflaufform (Dutch Oven) geben. Mit Frischhaltefolie (Plastikfolie) abdecken und zweimal aufschlitzen, damit der Dampf entweichen kann. 6 Minuten auf voller Stufe garen, dabei die Schüssel dreimal wenden. Den Rhabarber freilegen und zu einem Brei pürieren. Rosinen, Zucker, Vanilleessenz und Zitronenschale unterrühren, dann beiseite stellen. Falten Sie jede Makrele mit den Hautseiten zu Ihnen in der Mitte quer vom Kopf bis zum Schwanz. Butter oder Margarine und Zitronensaft in eine tiefe Schüssel mit 20 cm Durchmesser geben. 2 Minuten auf Vollgas schmelzen. Den Fisch hinzugeben und mit den geschmolzenen Zutaten bestreichen. Mit Salz und Pfeffer bestreuen. Mit Frischhaltefolie (Plastikfolie) abdecken und zweimal aufschlitzen, damit der Dampf entweichen kann. Auf Medium 14–16 Minuten garen, bis der Fisch schuppig aussieht. 2 Minuten stehen lassen. Die Rhabarbersauce auf Vollgas 1 Minute erhitzen und mit der Makrele servieren.

Hering mit Apfelweinsauce

Serviert 4

Wie Makrele mit Rhabarber-Rosinen-Sauce zubereiten, aber anstelle des Wassers Rhabarber und kochenden Apfelwein durch geschälte und entkernte Kochäpfel ersetzen. Lassen Sie die Rosinen weg.

Karpfen in gelierter Sauce

Serviert 4

1 sehr frischer Karpfen, geputzt und in 8 dünne Scheiben geschnitten
30 ml/2 EL Malzessig
3 Karotten, in dünne Scheiben geschnitten
3 Zwiebeln, in dünne Scheiben geschnitten
600 ml/1 pt/2½ Tassen kochendes Wasser
10–15 ml/2–3 TL Salz

Waschen Sie den Karpfen und weichen Sie ihn dann 3 Stunden in ausreichend kaltem Wasser mit dem hinzugefügten Essig ein, um den Fisch zu bedecken. (Dadurch wird der schlammige Geschmack entfernt.) Karotten und Zwiebeln mit kochendem Wasser und Salz in eine tiefe Schüssel mit 23 cm Durchmesser geben. Mit Frischhaltefolie (Plastikfolie) abdecken und zweimal aufschlitzen, damit der Dampf entweichen kann. 20 Minuten auf voller Stufe garen, dabei die Schüssel viermal wenden. Abgießen, Flüssigkeit auffangen. (Das

Gemüse kann anderweitig in Fischsuppe oder Pfannengerichten verwendet werden.) Gießen Sie die Flüssigkeit zurück in die Schüssel. Fügen Sie den Karpfen in einer einzigen Schicht hinzu. Decken Sie es wie zuvor ab und garen Sie es 8 Minuten lang auf voller Stufe, wobei Sie das Gericht zweimal wenden. 3 Minuten stehen lassen. Den Karpfen mit einer Fischscheibe in eine flache Schüssel geben. Abdecken und kalt stellen. Die Flüssigkeit in einen Krug umfüllen und kalt stellen, bis sie leicht geliert. Das Gelee über den Fisch geben und servieren.

Rollmops mit Aprikosen

Serviert 4

75 g/3 oz getrocknete Aprikosen

150 ml/¼ pt/2/3 Tasse kaltes Wasser

3 Rollmops mit geschnittenen Zwiebeln gekauft

150 g Crème fraîche

Gemischte Salatblätter

Knäckebrot

Aprikosen waschen und in mundgerechte Stücke schneiden. Mit dem kalten Wasser in eine Schüssel geben. Mit einem umgekehrten Teller abdecken und 5 Minuten lang auf Vollgas erhitzen. 5 Minuten stehen lassen. Abfluss. Rollmops in Streifen schneiden. Mit den Zwiebeln und der Crème fraîche zu den Aprikosen geben. Gut mischen. Zugedeckt im Kühlschrank 4–5 Stunden marinieren lassen. Auf Blattsalaten mit Knäckebrot servieren.

Pochierter Kipper

Dient 1

Die Mikrowelle stoppt den Geruch, der das Haus durchdringt, und hinterlässt den Bückling saftig und zart.

1 großer ungefärbter Bückling, ca. 450 g/1 lb
120 ml/4 fl oz/½ Tasse kaltes Wasser
Butter oder Margarine

Den Bückling kürzen, den Schwanz wegwerfen. 3–4 Stunden lang mehrmals in kaltem Wasser einweichen, um die Salzigkeit zu reduzieren, falls gewünscht, dann abtropfen lassen. Mit dem Wasser in eine große, flache Schüssel geben. Mit Frischhaltefolie (Plastikfolie) abdecken und zweimal aufschlitzen, damit der Dampf entweichen kann. 4 Minuten auf Vollgas garen. Auf einem vorgewärmten Teller mit einem Stück Butter oder Margarine servieren.